人生に生かす易経

竹村亞希子
Akiko Takemura

致知出版社

まえがき

「易経は難解だ」

私が易経の魅力にとりつかれてから三十五年以上が経ちました。その間、どれほど多くの人からこの言葉を聞いたことでしょう。でも、私が易経の冒頭に登場する龍の話をすると、難解だといっていた人々が「面白い！」と身を乗り出して聴いてくれます。

易経は東洋の古典の中でも最も古い書物です。東洋思想の原点ともいわれ、古くから帝王学としても学ばれてきました。

東西の数多くの古典の中で、易経の際立った特長は、時と兆しの専門書、時の変化の道理を説く書物、そして知恵の宝庫であるということでしょう。

面白いことに、占いの書として発展したにもかかわらず、「易経をよく学べば、占わなくとも先々を察知することができる」と書かれています。

ものごとの大局を見通す洞察力や、わずかな兆しで先行きを察する直観力は、混迷激変する現代社会においてますます必要とされています。

易経は人間社会のあらゆる事象を例にあげ、自然の摂理から導き出される論理を、手をかえ品をかえ、これでもか、これでもかと繰り返し語りかけてきます。

書かれていることを自分の問題に刷り合わせて考えてみると、いま置かれている立場、状況が客観的に把握でき、問題の解決につながっていきます。

難解といわれる易経を読むには〝コツ〟があります。易経への橋渡しの役割を自任して、講演やセミナーで龍の話をするようになってから三十年になります。

今回、致知出版社の藤尾秀昭社長との邂逅《かいこう》を得て、平成十九年に半年にわたる「運命を高めるリーダーのための易経講座」を開講することができました。とはいえ、漢籍の特別な素養があるわけではなく、ただただ易経が好きなだけの、ひとりの「愛読者×研究者」として、広大なる「易経の世界」の一端をお伝えしたにすぎません。また自分なりの解釈も加味させていただいたことをおことわりしておきます。

「潜龍元年」

読者の皆様のご批判、ご叱正を賜れば幸いです。

最後に、藤尾秀昭社長、聴講の皆様に心より感謝申し上げます。

平成十九年十月

竹村　亞希子

装幀――川上　成夫

人生に生かす易経

目次

第二章　八卦六十四卦の見方・考え方

第三章　確乎不抜の志を打ち立てる――潜龍の時代

第七章 社会に大きな恵みをもたらす時――飛龍の時代

第八章　晩節を汚さないための出処進退——飛龍から亢龍へ

第九章　さまざまな卦が教える生き方の知恵

編集協力―柏木　孝之

第一章

易経の成り立ち

四書五経と易経の立場

易経は四書五経の中のひとつに数えられます。四書五経は儒教の大切な古典であり、帝王学の書です。孔子以前にすでに存在していたものが五経で、孔子以降に生まれたのが四書です。易経は五経のひとつです。

五経の「経」という言葉には一般に「筋道」とか「物事の理《ことわり》」といった意味がありますが、「経書」と呼ばれるものは限られています。それは「聖人が記した書」という意味を持つのです。経書には人間や社会にとって最も重要な基本原則が書かれています。そして一般に我々が経書と呼んでいるのは、儒教の立場からいうと四書五経の「五経」のことです。

五経は『易経』『書経』『詩経』『礼記』『春秋』の順番に成立しました。

孔子が亡くなったのが紀元前四七九年、今から約二千五百年ぐらい前ですが、孔子は晩年までかかって、昔から伝わっていた古典の中から人生や社会にとって重要であるものを選んで整理しました。つまり、この五経は、孔子の時代においてすでに古典中の古典だったのです。そして、易経は五経の中にあって儒教の基本テキストの筆頭に掲げられています。

ただ、易経もそうですが、詩経にも春秋などにも、人間の業《ごう》や欲といった浅ましい姿がこれでもかというぐらいに描かれています。その点では旧約聖書とよく似ています。そういうさまざまな欲望や業のようなものを認め「人間とはそういうものだ」と理解したうえで、「だからこそ礼節や生き方や志といったものが大切である」と教えているものが五経なのだと思います。そのために、五経は当時の学問をする人たちの教科書となりました。そして、その学問の中身とは「人間学」であったのです。

易経の成り立ちについては後で詳しく述べたいと思いますが、残りの四つについて簡単にふれておくことにしましょう。

まず『書経』は『尚書《しょうしょ》』とも呼ばれます。ふつう『書』といわれるのは『書経』のことです。『書経』は政治の歴史などが記された中国最古の歴史書であり、堯《ぎょう》や舜《しゅん》の伝説の時代から、夏王朝、そして殷《いん》、周の王朝のそれぞれの帝王の言行が記されています。『詩経』は孔子が選んだ詩をまとめたものです。それまでに残っていた民族の詩、民衆たちの詩や、朝廷の祭祀《さいし》や宴席で奏された歌の歌詞などが選ばれています。

『礼記』は礼や制度、慣例に関する覚書です。その中には「大学」と「中庸」の内容が一章ずつ入っていましたが、よく整理されていなかったため、後に孔子の弟子たち――曽子《そうし》が整理し直して「大学」を、孔子の孫の子思《しし》が「中庸」を現在の形にしたといわれています。

最後の『春秋』は、五経の中では比較的成立したのが新しいとされます。これは春秋時代の魯《ろ》の国の歴史書です。魯の国は孔子が生まれた国であり、また、孔子が理想とした、周王朝の制度をつくったとされる周公旦《しゅうこうたん》が封ぜられてできた国です。その魯の国に周公旦より六百年ぐらい後に孔子は生まれ、そして魯の国で死んでいます。『春秋』には王様や諸侯の死亡記事、戦争・会盟など外交に関する記事、自然災害などの記事が簡潔な年表風に書かれていて魯の国の話だけではなく、その時代のいろいろな国がどのように外交をやり、勢力を伸ばしていったかという話がまとめられています。

儒教では孔子がこの春秋をつくるのにかかわったという説もあります。後世になって、孔子の思想がこの書き方の裏に隠されているといわれました。つまり、一見淡々とした筆致で思想は何も入っていないかのように見えて、実は孔子は乱臣賊子には筆《ひっ》誅《ちゅう》を加え、善人の善行は讃《たた》えて天下後世に道を示しているというのです。そこから、厳しい批判やその態度のことを「春秋の筆法」というようになりました。文藝春秋社の春秋もここから名づけられました。

この「春秋の筆法」にはもうひとつ意味があります。それは小さな事件を取り上げて、それが大きな局面に及ぼす関係を説いています。そこから、間接的な原因を直接的な原因に結びつけるような表現法も「春秋の筆法」といっています。

五経は四書よりも古くて大事なものとされてきました。孔子の時代には、五経を人間学として学びなさいといわれていました。しかし、五経はあまりにも古すぎて難しく、当時の人であっても読めなかったのです。そこで、時代がもう少し下《くだ》ると、孔子が直接かかわっている書物や孔子の後継者と考えられる孟子の書物、すなわち時代が比較的新しい四書をまず勉強して、それが終わってから五経の勉強をするという順序に変わっていきます。

五経は古い順番に並んでいましたが、四書の場合は一般に『論語』『孟子』『大学』

『中庸』の順に並べられます。ただし、これは馴染みのある順番というだけで、正式には「大学↓中庸↓論語↓孟子」の順に学ぶべきものとされています。実はこれは字数が少ない順番です。字数が少ないものから多いものへと学んでいこうというわけです。また『大学』の中には『小学』が含まれていますので、最初に『大学』で学問のやり方を学ぶという意味もあったようです。

それが「論語↓孟子↓大学↓中庸」と並べられるようになった理由は、『中庸』の内容が一番難しいとされているためです。『中庸』は字数こそ少ないのですが、儒教の哲学が書かれているために学びにくいのです。そこで、最後に読むようになったといわれています。

四書のそれぞれの内容を簡単に説明しておきます。

『大学』は文字数が千七百五十三字しかありません。四百字詰め原稿用紙にして四枚ちょっとです。内容は、君子の国家や政治に対する志を述べ、君子のあり方、自らの育て方、学問論などが書かれています。

『論語』は、ご存じのように孔子の言葉と行動、弟子たちとの対話がまとめられたものです。

『孟子』は、孔子の孫弟子ぐらいにあたり、孔子の後継者と考えられている孟子の言行が書かれたものです。

『中庸』は今述べたとおりで、儒教の哲学が書かれています。

大昔は五経を学ぶことが学問でした。その後にできた四書は、五経を補う参考書のようなものだったのです。それが徐々に四書から読むように変わってきたのは、すでにお話ししたように五経が古くてわからなかったからです。ここでまず五経の前に四書を読むように学問の流れが大きく変化し、四書五経という並びになったわけです。

ところが、その後また変化が起こります。

「儒教を勉強する人たちにとっての教科書である四書五経を整理してくれたのは孔子である。だからまず孔子その人を学ぼう」という流れが生まれてきたのです。東洋の学問を学ぶ人が孔子を尊敬するのは当たり前です。では、その孔子はどんな人物で、どのような学び方をしたのだろう、その人生はどうだったのだろう、何を考えていたのだろうというように、孔子の生涯を知りたいという気持ちが芽生えてきたのです。

このように古典の学び方にも変遷があって、今に至っているのです。

易経をつくった三聖の伝説

ところで、易経は誰がつくったのでしょうか。これからその話をしたいと思いますが、真偽のほどは明らかでなく、あくまでも伝承の話です。

古い本には次のように書かれています。

「易の道は深し。人は三聖を更《か》へ、世は三古を歴《へ》たり」

これは『芸文志《げいもんし》』という漢の時代の歴史書に書かれている言葉で、易経の成り立ちを示しています。

「人は三聖を更《か》へ」とあります。この「三聖」が易経の成立にかかわっているというわけですが、「三聖」とはいったい誰なのか。まず一番目の人は伏羲《ふっき》です。この人は、伏羲《ふっき》、神農《じんのう》、女媧《じょか》という伝説上の三皇（三皇五帝の）の一人で、狩猟を教えた昔の聖人ともいわれています。この伏羲が八卦《はっか》と六十四卦《か》を考案したとされています。

三聖の二番目は、周の文王と周公旦の二人です。紀元前一一〇〇年頃、文王が六十四卦の卦辞《かじ》、つまりそれぞれの卦（時）の示す意味を説明する文章をつくったと伝えられています。

また、爻辞《こうじ》という卦を構成する六本の爻の示す意味を説明している文章があります。この爻辞をつくったのが周公旦だといわれています。周公旦は文王の息子で、周の創立者である武王の弟です。前一一〇〇年に武王が殷の紂王《ちゅうおう》を討って周王朝を建てた時に尽力した人物です。この周公旦が文王とともに三聖の二番目に入れられています。

もう一人の聖人は誰かというと、そこからずっと時代が下《くだ》って、紀元前四七九年に亡くなった孔子です。孔子が最終的に易経を整理したと伝えられています。

以上のように、伏義、文王と周公旦、孔子が易経をつくった三聖とされています。本当は四人なのですが、文王と周公旦は時代が同じなのでひとくくりにして数えられています。

「世は三古を歴《へ》たり」とあります。この「三古」というのは、上古、中古、下古を指します。上古は伏義の時代で、これはどのぐらい古いかわからないほどの昔です。そして紀元前一一〇〇年頃の周の文王と息子の周公旦の時代が中古になり、下古は孔子の生きていた時代です。

孔子が生きていた紀元前五〇〇年頃を基点として見ても、文王たちの時代ははるか昔です。その文王から見て、伏羲は伝説の人というのですから、どのぐらい古い時代なのかわかりません。そういう大昔に易経の原型ができあがったといわれています。

牢屋の中でつくられた易経の卦辞

易経の成立にはもうひとつの伝説があります。今度は文王がかかわる伝説です。周の文王は周の建国者古公亶父《ここうたんぽ》の孫です。文王の出た時代は商（殷）の最後の頃でした。文王は周民族の酋長《しゅうちょう》さんみたいな立場で、徳があり、尊敬を集めた人物でした。周は岐山《きざん》のあたりにありました（24頁～25頁の商代末期概念図参照）。このあたりの地域を周原といいます。周は周原に興った民族の国だということで、後に周王朝と名づけられることになります。

商（殷）王朝は、大邑商《だいゆうしょう》という黄河に接した場所に都を構えていました。しかし、実は王朝の都は何回も変わっています。その理由は黄河の氾濫《はんらん》です。「水を治めるものは天下を治める」といわれたように、中国では、川の流れが変わるたびに都が変わりました。

この「水」をはじめて治めたのが、伝説の夏王朝を開いた王の禹《う》です。賢帝として知られる堯・舜・禹の一人です。この人がはじめて治水事業に成功して、舜から王位を譲られ、夏王朝を建てました。

そしてその後、商王朝が建てられ、その最後の王、三十一代目の王様にあたるのが紂王《ちゅうおう》です。紂王は非常に優秀な能力の持ち主でした。頭は切れるしスポーツは万能、体力もあるという抜群の才能を誇った王様でした。若い時は本当にいい政治をしたそうです。ところが、妲己《だっき》という妖婦《ようふ》との出会いが紂王を変えました。妲己は有蘇《ゆうそ》氏から献上された妃で、絶世の美女だったそうです。

それ以来、紂王は妲己にうつつをぬかしてさまざまな悪行を繰り返します。中でも有名なのが、酒池肉林。酒で満たした人工の池をつくり、木々に干した肉をかけるという遊びです。

酒池肉林の「肉林」というと、女の人が素っ裸になってあたりに侍《はべ》っているような

孤竹
恒山
天津
河
水
太
行
(黄河)
山東半島
済
水
沙丘
干
(天邑商)
大邑商
岱山
(泰山)
黎
淇水
(耆)
朝歌
牧野
鄂
梁山
黎
人
方
奄
九
夷
薛
蘇
鄭
亳
大彭
嵩山
水
江
淮
黄
南京
上海
(長江)
水
江

商代末期概念図
土方
鬼方
河水（黄河）
箕
羌
共
密
阮
秦
程
莘
芮
孟津
水
洛
岐山
周
華山
酈山
渭水
崇
西安
召
漢水
庸
彭
濮
江水（長江）

情景を十代の頃の私は想像したのですが、実は違っていました。その頃は干し肉、特に子羊の干し肉が最高のご馳走で、それを林の中にかけたというのが「肉林」の意味です。

これが酒池肉林の本当のところなのですが、やはりそれだけではなくて、家臣の男と女を素っ裸にして、林の中を追いかけっこさせるようなこともしていたようです。それを妲己と一緒に眺めながら、紂王は「長夜の宴」にあけくれたといいます。

そんな王の振る舞いを臣下が諫《いさ》めようとしました。すると紂王は、その忠臣を残忍な炮烙《ほうらく》の刑に科して、妲己の淫欲《いんよく》をそそったと伝えられています。「王様、そんなことをやっていたら国が滅びます」と諫める人は罪人にされたわけです。

炮烙の刑というのは、銅の丸い棒を上から吊るして、その下で火を熾《おこ》します。そして銅の丸太に油を塗って、その上を裸足で渡るという刑です。もちろん、すべって落ちてしまいますが、落ちたら丸焼きになります。

当然、受刑者は嫌がりますが、紂王は「もし渡らなかったら殺す、渡りおおせたら命は助ける」といって無理やり渡らせました。もちろん誰も渡れません。みんな落ちて、人間バーベキューになってしまいました。それを見て、妲己とともに笑って酒を飲んでいたと伝えられています。

紂王はそんなことばかりやっていた残虐な王様だということになっています。ひどく書かれすぎたかもしれませんが、そのように伝えられています。

さて、その頃、文王が周民族の首領になって力をつけてきます。紂王の政治に嫌気がさしていた諸侯たちの三分の二が徳のあった文王に信頼を寄せるようになりました。それを見た紂王は、力のある文王をそのままにしておくとわが身が危ないと考え、中国初の牢屋をつくり、文王をつかまえて幽閉してしまいます。この牢屋は羑里《ゆうり》といって、今でも中国の殷墟《いんきょ》の近くに、最古の牢屋として残っています。

文王はこの羑里で七年間をすごしたと『春秋左伝』には書かれています。

しかし、この七年の間に悲劇が文王を襲います。

文王には伯邑考《はくゆうこう》という長男がいましたが、羑里に捕らえられている間に人質にとられ、紂王によって人肉スープにされてしまうのです。それだけではありません。紂王はそのスープを牢屋の中の文王に食べさせたというのです。文王は聖人ともいわれた立派な人です。その人が人肉スープを食べたというので、紂王はあざ笑いました。このあたりのことは司馬遷《しばせん》の『史記』に書かれています。

結局、文王は商の王朝を倒すことはできませんでしたが、死後、次男の発《はつ》、後の武王が紂王を討ち、周王朝の創国者になるのです。

そういった苦難の七年の間に、文王は伏羲がつくった八卦《はっけ》六十四種類の卦《か》に卦辞《かじ》を書いたといわれています。

この文王のつくったとされる卦辞、そして周公旦のつくったとされる爻辞《こうじ》については、後ほど改めて説明します。

君子占わず――易経と占い

四書五経の中にあって、残念ながら易経は不人気分野です。易占いの本は結構売れていますが、古典としての易経は、『論語』『老子』『荘子』『史記』あたりに比べると、ほんとに不人気で売れていません。

易経が売れない原因のひとつは、その難解さにあるのかもしれません。というのも、易経は他の経書と違って、いまだ読み方が定まっていないのです。他の学問では「これはこういう読み方をする」という場合、必ず学問的な手続きを経て「間違いなくこう読める」という裏づけが明確になっています。そうしたものが易経にはありません。したがって解釈は自由なのですが、裏を返せば、どう読んでも構わないから難しいということになるわけです。

ただし、他の経書でも、読み方が定まってきたのはここ百年ぐらいの間にすぎません。一八九九年に発掘された殷墟から甲骨《こうこつ》が見つかりました。殷墟は殷王朝の址《あと》ですが、この発見にいたるまで殷王朝は伝説の時代だったのです。それが百年ほど前に殷墟が発見されて、その存在が明らかになりました。殷墟の発掘が進むと、そこからさまざまな青銅器、竹簡《ちくかん》、甲骨などが見つかりました。これをきっかけにして、甲骨文字で書かれたいろいろな文章を解読する研究が進んだのです。

その甲骨文字で書かれていたものの一番古いものが「卜辞《ぼくじ》」でした。「辞」は「言葉」で、「卜」は「占い」という意味です。この「卜」は、亀の甲羅や獣の骨に穴をあけたものを火にくべて、そのひび割れの状態で吉凶を占ったもので、殷王朝の時代に非常に盛んに行われました。その占いの内容が書かれたものが「卜辞」です。また、「卜筮《ぼくぜい》」といいますが、戦いはどうなるか、今年の穀物の実りはあるか、天災は来るかなどが占われて、その結果が述べられました。そのようなものが甲骨文字で書かれていたのです。

その最初の甲骨が発見されたのが一八九九年、発掘されたのが一九〇〇年ですから、わずか百七年前の話です。この間に一応、他の経書の研究は進みました。でも易経だけは、相変わらずわからないままになっています。

しかし面白いことに易経は、日本、中国、朝鮮半島、ベトナムといった東アジア全域の社会や文化に他の経書のどれよりも大きな影響を及ぼしています。それはもちろん易経の「占い」という側面を通してのものです。

「易者さん」といったら単なる占い師ではなくて、「易をする人」という意味です。最近は占い師さんの中でも、易をやっている易者さんは少ないようです。

易はもともと占いとして発生し、発達しました。そして長い時間を経て「易経」という一級の哲学書になりました。ですから、易経にはもちろん占い方が書いてあります。しかし、その一方では「君子占わず」の考え方も書かれています。「君子占わず」とは「君子は占いなどはしてはいけない」という意味ではありません。「君子たらんと志す者は、易経を読んで変易《へんえき》、不易《ふえき》、易簡《いかん》という三つのエッセンスを知れば、占わなくても出処進退がわかる」という意味です。

「こういう場合はどんな兆しが表れ、物事はどのように移り変わっていくのか」「このような事件が起きたのはなぜか」などなどを構造的に解き明かしているのが易経です。したがって、易経を深く読んでいけば、占わなくても全体像を見てとれるようになるのです。そして易経は、見えないものを観る目を養いなさい、聞こえない音を聴く耳を持ちなさいと教えているのです。

占いから発達した書なのに「占わなくてもわかる」と相反するようなことをいうのはなんとも不思議ですが、これが易経の本質です。

論語の中にも「占わざるのみ」という言葉があります。これは孔子の言葉ですが、「易経に通じていれば君子占わずだ」という意味です。孔子の時代からこのような考え方があったわけです。その他にも、荀子《じゅんし》は「善く易を為《おさ》むる者は占わず」といい、荘子も「占わずして吉凶を知る」と記しています。

ですから、易経には、占いのテキストとしての読み方と、「君子占わず」の立場からの読み方があるのです。

変易、不易、易簡――「易」の持つ三つの意味

先ほど「変易、不易、易簡」という言葉が出てきましたが、これを易の三義《さんぎ》といいます。易という字には「変易」「不易」「易簡」の三つの意味があるのです。

最初の「変易」は、世の中のものはすべてが時々刻々と変化し、変わらないものは何ひとつとしてない、という意味です。時も、物も、環境も、私たち一人ひとりも、家庭も、何もかもが変化していきます。

しかし、その変化のしかたには一定不変の法則があります。それが二番目の「不易」です。一定不変の法則・ルールとは、たとえば季節であれば、春から夏になり、夏から秋になり、秋から冬になって、また春がやってきます。でも、その春は一年前の春とは違った、まったく新しい春です。そして、また夏がやってきます。夏は秋を経ずして冬になることはありません。実りの秋の後は必ず冬がきます。そして氷に覆われた冬を経て、必ず新しい春がめぐりめぐってくる。この変化のしかたは不変です。

最後の「易簡」は、ひっくり返して「簡易」としている本もあります。意味は、易

しくてシンプルで簡単ということです。何が易しくてシンプルで簡単なのでしょうか。それは、こういうことです。

すべてのものは変わる、そしてその変わり方には一定不変の法則があって、その法則は変わらない。素直に世の中を、あるいは大自然を見れば、すべてのものが教えてくれています。何ひとつ隠してはいません。

だから、もし私たちがその法則を素直に見て、素直にわかろうとしたら、それはとても易しいし、私たちの人生や経営や、その他さまざまなものに応用するのはシンプルで簡単だというのです。別の言葉でいえば、「よーく観れば、ちゃんと見えるんですよ」というような意味でもあります。

以上の三つの意味を、この「易」という一文字が表しているわけです。

「時」と「兆し」の専門書

易経は英語訳では「Book of changes」、直訳すると「変化の書」です。東西の数多くの古典の中にあって易経の一番の特徴といえば、「時」と「兆《きざ》し」の専門書であるという点です。

易経には「幾」という言葉が頻繁に出てきます。「幾」とは物事が起こる「時の兆し」をいいます。つまり易経はこの「幾」を論ずるものであり、全編を通して「時」の読み方、「兆し」の読み方が書かれています。「このような時にはどのようなことが起きるのか、どのような兆しが現れるのか」が事細かに書かれている書物なのです。

ただし、この「時」とは、私たちが日常使っている「時間」とは別の概念です。易経の「時」は私たちの存在、「時」と「処」と「位」がすべて含まれています。いい換えれば、時は「天」であり、処は「地」であり、位は「人」にあたります。位とは地位だけをいうのではなく、存在しているすべてを指しています。

したがって、易経の「時」には、時間、空間、私たちの存在、置かれている立場、人間関係などがすべて含まれているのです。


では、「兆し」とはなんでしょうか。易経の中には二つの「きざし」、つまり「兆し」と「萌《きざ》し」が書かれています。この二つは似ているようで違いがあります。

「萌し」は、とてもわかりやすいものです。注意深く見ていれば、大抵の人は気づきます。たとえば、春になる前に春の息吹《いぶき》を感じることがあります。外はまだ寒いけれど、木の芽がほんの少しほころんで色づいてきたような、たまに春を思わせるような一瞬の陽気があります。これが「萌し」です。

八月の残暑は厳しいけれども、立秋を過ぎた夜など、風が真夏のものとは違ってきます。まだ夏の暑さの中でそろそろ秋がくるかなと思わせる。こういったものが「萌し」です。

一方の「兆し」はどんなものなのでしょうか。たとえ話をします。

毎年年末に紅白歌合戦が行われます。最近の紅白歌合戦は、私たちの幼い頃の紅白歌合戦とはまったく違うものになっています。昔の紅白歌合戦は権威があって、歌手の人たちにしてみれば、出られなくても候補者として名前が挙がるだけで大したものでした。ましてや出られるとなったら、グンと格が上がりました。日本国中に歌が流れ名前が知られるほどの影響力がありました。これは歌手にとってはたいへんな出世でした。

紅白歌合戦に出た後は、レコードも売れに売れました。それまでの売上にさらに増して売れました。ポイントはここです。紅白歌合戦に出るには、一定期間にどれだけレコードが売れたかが基準になっていたのです。つまり、レコードが話題になって売れなければ出られなかったわけです。

そこで、考えてみてください。紅白歌合戦に出た時がピークなのか、それとも紅白歌合戦に出た後、レコードの売上枚数がグーンと伸びた時がピークなのか、どちらだと思われるでしょう。

「兆し」ということでいえば、音楽業界の中でも目利きの人、先見の明のある人がその歌手の名前に注目しはじめた頃というのが最初の「兆し」です。それからレコードがかなり売れ出して業界と音楽好きの人々の間で知られるようになりはじめる。

さて、紅白歌合戦に出た後にレコードが売れるという現象は、その前段階を何も知らない私たちにとって、その歌手は紅白歌合戦に出たことがひとつのピークで、その後ますます登りつめていくように見えます。

しかし、易経の「兆し」の考え方でいうと、紅白歌合戦に出た時にはすでにピークの時期は過ぎていることになるのです。レコードの売上枚数という数字上の面では、それからもずーっと伸びていくのですが、その前にひとつのピークはすでに過ぎているのです。

このように、「萌し」は注意深く見れば誰でもつかめるものです。しかし「兆し」はとてもつかみ難いものなのです。しかし、これさえもよく見れば、実はいろいろな形でヒントは出ているのです。何も隠されておらず、ちゃんと合図のように響きが送られてきています。それが易経に書かれています。

「兆し」と実感にはズレがある

もう少しこの「兆し」の話をしていきたいと思います。

冬至は毎年だいたい十二月二十一日か二十二日です。夏至はだいたい六月二十一日か二十二日です。

冬至を過ぎると一月に小寒、大寒、そして二月の立春と続きます。冬至の日は一年で一番夜が長くて昼が短い日。夏至は昼が一番長くて夜が短い日ですね。

さて、易は陰と陽です。マークで表すと、陰は（⚋）で、陽は（⚊）です。

昼と夜を陰と陽に分けると、昼が陽で夜が陰になります。また、寒暑を陰と陽に分けると「暑い」のは陽、「寒い」のは陰です。そのように考えると、夏至は一年中で一番陽が強い瞬間の日で、冬至は一番陰の強い瞬間の日になります。瞬間の日ですから、その日から陰や陽がまた育ちはじめます。「育つ」とは、「伸びる」とか「長ずる」ことです。したがって、夏至を過ぎれば陰が、冬至を過ぎれば陽が育ちはじめることになります。

冬至は陰が強いけれども、冬至の日を境にして、陰から陽へと切り換えが起きます。冬至を過ぎてもまだまだ陰は強いけれども、少しずつ少しずつ昼間が伸びていく。陽が伸びるのです。逆に、夏至は陽が強いけれども、この日を境にして陰が育ちはじめます。ゆっくりゆっくりとですが、陰が強くなっていきます。

「一陽来復」という言葉は、「一つの陽がまた戻ってきた」という意味で、冬至の日をいいます。

そしてここからが大切なのですが、冬至の日を境にして昼が伸びてきて陽が育ちはじめ、陽が伸びてきています。ところが、私たちが肌で感じる寒さはどうでしょうか。一層厳しくなりますね。私たちは一月、二月をすごく寒く感じます。それと比べれば冬至の日のほうが暖かいくらいです。

これはどういうことでしょうか。暦の上では冬至を境に陰から陽に転ずるはずなのに、実際は冬至を過ぎてから本格的に寒さを感じる時期がやってくる。つまり、冬至を境にして陽が伸びるといっても、実際の暖かさ（＝陽を肌に感じる時期）とは時間的にかなりずれてはいないでしょうか。

実はこれこそが易経でいう「兆し」なのです。冬至を境に陽が伸びはじめ、陰から陽に流れが切り替わったのですが、切り替わった時点では陽はまだ弱く、陰が強いために、その変化を実感できないのです。「兆し」とはそういうものなのです。

もうひとつ例を挙げてみましょう。好況と不況を考えてみてください。好況は陰陽で分けると陽にあたり、不況は陰にあたります。この陰陽も変化します。いつまでも陰（＝不況）が続くことはなく、いつまでも陽（＝好況）が続くこともありません。

そこで具体的に、あなたの会社が不況から好況に転じたと考えてみてください。ご経験のある方もいらっしゃると思いますが、「悪い流れはあの時変わった」という瞬間があるのではないでしょうか。しかし、「なんとか苦境をやり過ごしたなあ」とホッとしたのは、もっとずっと後ではなかったでしょうか。

後で思い返してみたら、確かにあの時流れが変わった。易経では、そうした転換点を「兆し」といっているのですが、実際には、その流れが変わった後にひどい苦しみを味わうことが多いのです。

私たちは暦を知っていますから、冬至のあと寒さが厳しくなるのは知っています。そしてその数か月あとに確実に春が来ることも知っています。しかし、人生が冬から春になる時の兆し、会社の経営が真冬の厳しさから春になる時の兆しがどこに出ているのかというのはなかなかわかりません。

易経には「すべてがそういう法則になっている」と、「すべて同じである」と書かれています。だから、その「兆し」を観る目を養いなさいというのです。

いうなれば「兆し」というのは現象に顕れるずっと以前から信号として発せられているものです。海の上に見えている氷山はほんの一部で、水面下には大きな氷の塊が隠れています。いうなれば、「兆し」というのは水面上に見えている氷のかけらのようなものです。しかし、その「兆し」を観る目を持てば、氷のかけらを通して全体像を把握することができるようになります。これが易経でいうところの「観る」という意味です。心の目で観る、洞察力で観る、見えないものを観る。それが「兆しを観る」ということです。

観る目を養いなさい、そして聴く耳を持ちなさい。易経が絶えず発信しているのはこのことです。

時中と時流

易経が非常に重んじる言葉がいろいろあります。そのひとつが「時中《じちゅう》」です。これは「時に中《あた》る」、つまり「その時にぴったりの」という意味です。

時中の「中」は中庸の「中」です。「中」というと、「偏らずにバランスがとれている」とか「穏やかな」「激しない」「ゆったりとした」といったイメージがありますが、易経が重んじているのは「時に中る」ことです。なぜ「時に中る」なのかというと、先に申し上げたように、易経は数多くの古典の中で唯一の「時の専門書」だからです。

では、「時中」「時に中る」とは具体的にはどういうことをいうのでしょうか。たとえば、春に種を蒔《ま》けば、秋の実りを迎えることができます。しかし、もしも冬の氷の上に種を蒔いたら、その種がいかに立派な種であろうとも実らないし、結果を得ることができません。つまり、どんなに立派なものでも時を間違えると実らないのです。

だから、「時中」、時にぴったりでなくてはいけないと易経はいうのです。

この「時中」に対して、現代人が好んで使うのが「時流」です。優秀な経営者であればあるほど、時流にいかに乗るかと、切磋琢磨《せっさたくま》しています。

しかし易経では、「時流を追いかけるものは時流とともに滅びる」としています。たまたま時流に乗ったというのは僥倖《ぎょうこう》のようなものだというのです。要するにツキがあったというわけです。ツキによって時流に乗ったのだとしたら、ツキがおちるとともに滅びると易経では考えられています。

ツキがあろうがなかろうが、春には春のことをし、夏には夏のことをし、秋には秋のことをし、冬には冬のなすべきことをする。そして、また新しい春がやってくる、これが易経の考え方です。いつも実りの秋ばかりを追いかけることはできないのです。ひとつの時流が終わったら次の時流に乗って……というふうに、時流のサーフィンはできない。たまたま時流を読む才能があって、とても器用に次から次へと時流に乗ったとしても、そういう人は時流とともに滅びると易経には書かれています。

吉と凶の分かれ目を決める「悔」と「吝」

次は「吉と凶」の分かれ目のお話をしておきたいと思います。ある物事が起きた時に、何がきっかけで、その物事が吉になるのか、凶になるのか。

易経の繫辞上伝《けいじじょうでん》には、次のように書かれています。

「吉凶とはその失得を言うなり。悔吝《かいりん》とはその小疵《しょうし》を言うなり。……吉凶を弁ずるものは辞に存し、悔吝を憂うるものは介に存し、震《うご》きて咎《とが》なきものは悔に存す」

これが吉凶の意味です。これだけで吉と凶はどういうものか、吉と凶に分かれるゆえんは何かを明確にいっています。

易経はもとをたどれば占いの易から出ていますから、吉と凶という言葉が出てくるのは当然です。では吉は何か、凶は何かというと、まず「吉凶はその失得を言うなり」とあります。凶は失うことで、吉は得ることだというのです。

先に、時に中って春に種を蒔けば実りを得ることができるといいました。実りを得るとは結果を得るということですから、吉とは結果を得ることができるという意味になります。反対に凶は、冬の氷の上に種を蒔いても実らないし、いい種でも腐ってしまいます。これが結果を失うという意味です。

別の表現をすれば、「吉は通じる、亨《とお》る」「凶は通じない、亨らない」といえます。春に種を蒔いたら、それは「通じる」から秋に実りを得られる、亨る。冬の氷の上に種を蒔いても「通じない」から実らない、亨らない。

易経でいう吉と凶とは、たったこれだけのことです。

では、その吉と凶の変わり目はどこにあるのでしょうか。

吉と凶は結果からすると正反対のものです。しかし、ある些細《ささい》なトラブルが起きたとして、考えてみましょう。易経ではこの最初に起きたトラブルを凶とは見ませんし、吉とも見ません。それが吉となるか凶となるかは、このあと決まるというのです。

では何によって決まるかというと、繫辞上伝には「悔吝《かいりん》を憂うるものは介に存し」とあります。ここではっきりと「吉凶の分かれ目は悔・吝にある」と書いています。

つまり、「悔と吝」に吉凶の境目があるといっています。そして、この境目のことを

「介」というのです。

「介」という字は上に「田」をつけると「界」となるように、「ここまでの領域」という意味もありますし、「こちらの世界とあちらの世界を分ける」という意味でもあります。ですから、悔・吝の境目が吉と凶の分かれ目になる、と易経はいっているのです。


これはどういう意味か、ご説明しましょう。

ある物事が起きた時、吝の側は「まあ、このくらい大したことじゃない」と考えます。「吝」は「吝嗇《りんしょく》」という言葉があるように「ケチ」「惜しむ」という意味です。つまり、今までのことを後悔して流れを変える、やり方を変えることを惜しむのが「吝」です。

一方の「悔」は「後悔する」という意味で、後悔するのは「なぜそれが起きたのかが推測できる」からです。出来事の起きたゆえんがわかるのですから、今後そのまま放置していたら何が起こるかも予測できるわけです。たとえば、商品に小さな欠陥が見つかった時に、「これは放っておくと大変なことになる。人身事故につながる」と予測できる。そして、恐れるのです。これは法律的に正しいか間違っているかという話ではなく、このトラブルが何を教えようとしているのかに気づくわけです。

先ほど兆しを観る目を持てば水面に浮かんでいる小さな氷のかけらから水面下に隠れている氷山の大きさや形を把握できるといいましたが、ほんの些細な事故を兆しとして観ることができたとしたら、それを放置しておくとどのように推移していくか予測がつくのです。

その時に「しまった！」と恐れ震えるがごとく後悔する人ならば、必ず改めることができます。この改めた時に流れが変わるのです。

これは先に説明した冬至の話と一緒で、改めたからといってすぐに状況が好転するわけではありません。まだまだ陽が弱いから、それまでの膿《うみ》がたくさん出てきます。流れを変えること自体に強い抵抗があるかもしれませんし、お金もかかるかもしれません。流れを切り替えるのは大変なことです。

今のままならもっと利益があがるかもわからない、公表すればマスコミに叩《たた》かれるかもしれないといった、いろんなマイナスの要素が出てきます。でも、その時に本気で後悔したのなら、どんなに寒さが厳しかろうが、大変であろうが、ゆっくりゆっくりと吉に近づいていくと易経はいっています。そして、結果的には、ある一定の時間と量が飽和状態に達した時、量質転換の法則が働いて、吉になるというのです。

凶のほうはこの逆の道を行きます。「まあこのぐらいのことは大したことない。今までもなんとかやってきたんだし、そんなに大きな問題にはならないだろう。大丈夫だ」といって改めるのを惜しみます。そして現状のまま、ズルズルといくわけです。

この場合の「大丈夫」は、まったく気がつかない場合もありますが、実際にはハラハラしながらも自分をだまして、「やり直すとお金がかかるし、得意先への説明が大変だ」などと思い、改めるのを惜しむのです。

しかし、気がついて何も手を打たなくても、すぐには凶になりません。しばらくは平穏無事に過ぎていきます。が、実際にはその間に繰り返し繰り返し、何度も何度も兆しという形で注意信号が送られてきます。それでも悔い改めることを惜しんでいると、ある一定の時間と量の飽和状態に達した時に量質転換の法則が働いて、突然、凶になります。つまり、不祥事として露見することになるわけです。

凶になると、人間はどうしようもなく悔います。「しまった！　あの時本気で対策を講ずればよかった」「もうこれではどうしようもない」と後悔します。それで、また心をいれかえて懸命にやり直していけば流れは変わっていきますが、いったん不祥事が明らかになってしまった場合に、そこから回復するのはかなりの長い時間とたいへんな労力を要します。会社が潰れる場合もあります。

以上が易経の「吉凶悔吝《きっきょうかいりん》」の話で、吉と凶の境目について書かれている部分です。「悔」と「吝」という言葉はこれから本書の中でもしばしば登場しますから、ぜひここで覚えておいてください。

さて、私は易経を何十年か読み続けています。でも、私は学者ではありませんし、特別に漢籍の素養があったわけでもありません。ただ若い日に易経の魅力にとりつかれ、自分なりの読み方で読んでいるうちに易経にはまってしまった、というのが正直なところです。

易経は、いくら読んでも毎回新しい発見の連続です。私はNHK文化センターの易経講座を十年ほど続けていますが、生徒さんたちにお話ししている時、突然「あっ、これは数年前はこう説明しましたが、もっと深い意味があったんですね」と、その場で感動し直したりすることがあります。

易経は約束事がいろいろとあるため、他の古典に比べるといささかとっつきにくいところがあります。また、先にもいいましたが、易経は最も古い古典であり、読み方がいまだに定まっていません。

そういったわけで本書は、系統だてたお話というよりも、私が面白いと感じた読み方で進めていきたいと思います。そして、みなさまにもぜひ「えっ？　易経ってこんなに面白いんだ」という感動を味わっていただきたいと思っています。

第二章

八卦六十四卦の見方・考え方

六十四種類の「場面」を表している易経――「山雷頤」

「主《あるじ》」という漢字があります。この「主」という字は象形文字です。上の「丶」はローソクの炎、そして「王」はローソク立てです。ひとつの空間の一点にだけ明かりが灯っていて、その存在を表している、また目印になっている。これはよくご存じの「一隅を照らす」ということを表していると思います。

　この「主」にあたるような考え方が易経の中にあります。それは「山雷頤《さんらいい》」という卦《か》です。この卦は次のマークによって表されます。

山雷頤　䷚

「頤《い》」という字は「おとがい」とも読みます。「おとがい」とは顎《あご》のことです。

　この「頤」の卦が教えている「時」とはどういうものか。このマークを上卦☶と下卦☳に分けます。すると、上卦の象（形）が上顎、下卦の象は下顎になります。つまり、この「頤」は養いの道を教えているのです。

食べ物を食べる時は上顎と下顎を嚙《か》み合わせますが、上と下のどちらが動いているでしょう。下顎ですね。上顎を動かして嚙もうとしても、嚙めません。下顎をしっかり動かして、その動く下顎をがっちりと上顎が受け止めて、私たちはものを嚙み砕き、食べます。そして栄養吸収して、体を養います。だから「頤」は養いの道を教えているわけです。

また、これは直接的に食べ物を食べるだけではなくて、たとえば会社でも国でも家でも、上顎がしっかりしていなければ下顎がどんなに一所懸命に働いても養いの道は成り立たないことを教えています。

一家の「主」は上と下のどちら側かといえば、上顎にあたります。国家の「主」である為政者や、会社の「主」である経営者も同じです。これらは動いてはいけないのです。動かないというのは、自分は働かないという意味ではありません。この動かない上顎とは、会社でいえば社是とか経営者の経営理念、あるいは価値観や考え方です。

これらが動いてしまっては養いの道は成り立ちませんよ、と教えているのです。

易経の中には、この「山雷頤」のような「ある時」の様相を表す話が全部で六十四あります。それぞれの「時」のことを「卦」（「け」ではなく「か」と読みます）といいますが、この「卦《か》」は喜びの時、苦しみの時、安泰の時、争いの時など六十四種類の「時」を表し、人生で遭遇すると思われるあらゆる場面とその成り行きを示しています。

そうした六十四卦のひとつが「山雷頤」ですが、この「山雷頤」にも実はもっと深い意味があります。というのは、養いの道はひとつではなく、変化の過程やそれぞれの立場によって進むべき道が変わるからです。

ひとつの卦は芝居のワンシーン、ひとつの場面設定のようなもので、そこで示される時の変遷過程を六段階で示しています。六十四卦の一つひとつが起承転結で語られた物語になっていると考えるとわかりやすいと思います。易経は、そういう一つひとつの物語を通して、その時々の出処進退に関する行動の指針となるべき法則やルールを詳しく語っているのです。

卦辞と爻辞

前章でも簡単に触れましたが、易経の卦《か》には、その卦の示す時の全体像を説く「卦《か》辞《じ》」や、その時の成り行きを六段階で説く「爻辞《こうじ》」が記されています。これは、この時、この環境、この立場にあって、どうすべきかという対処法を示しているものです。

卦辞はひとつの卦を全体的に説明している文章です。ここで「この卦の時の構造と特徴、どのようにすれば亨《とお》るか」という説明をしているわけです。

爻辞は、時の変遷過程を詳しく説明した文章です。「爻《こう》」は「交わる」と同じ意味で、変化を表します。陰と陽が交わって新たに生命が生まれ、陰と陽が交わって変化が起きていきます。また、爻には「効《なら》う」＝「倣《なら》う」、模倣するの意味もあります。

先ほど「山雷頤」のマークを示しましたが、そこで見た六本の線の一本一本のことを「爻《こう》」といいます。また、爻辞を読むと「初九」「九二」「九三」といった言葉が出てきます。これらはいちいち気にする必要はないのですが、一応説明しておきます。

まず「九」は、この爻が「陽」であることを表しています。爻が「陰」の時は

「六」と書いて「りく」と読みます。

「爻」は六本ありますが、一番下から初爻、二爻、三爻、四爻、五爻、上爻となります。一番下は一爻とはいわず、初めての爻だから初爻といいます。同様に、一番上は六爻ではなく、上爻といいます。一番上の爻が「上」で、一番下の爻が「初」です。

これは六十四種類の卦、すべて同じです。

そして、爻が陽である時は、爻の代わりに「九」を書いて「初九」「九二」「九三」のように表します。爻が陰であれば「九」の代わりに「六」がついて、「初六」「六二」「六三」のようになります。

初爻と上爻だけは、前に「初」「上」とつきますが、二爻から五爻までは、「二番目の陽爻ですよ、三番目の陽爻ですよ」という意味で、九二、九三、九四のように書くわけです。これは一つの約束事で、特別覚える必要もありませんが、念のために説明させていただきました。

本経と十翼

易経には六十四卦《か》、六十四種類の時があるといいましたが、これを本経の六十四卦といいます。それぞれの卦に卦辞《かじ》と爻辞《こうじ》があります。

それとともに、易経には十翼というものがあります。十翼とは、彖伝《たんでん》二篇、象伝《しょうでん》二篇、文言伝《ぶんげんでん》、繋辞伝《けいじでん》二篇、説卦伝《せっかでん》、序卦伝《じょかでん》、雑卦伝《ざっかでん》からできています。

これは読んで字の如く、「鳥の翼」のようなものです。易経の本経「六十四卦、卦辞と爻辞」が鳥の本体であって、十翼というのは十の翼です。

鳥の翼が本体を飛ばせるためにあるように、易経を読み解く助けになるように解説文が十あるということなのです。この十翼はずっと後の時代、戦国時代中期から漢代初期の間にできたといわれています。

十翼の中に、彖伝、象伝、文言伝、繋辞伝、説卦伝、序卦伝、雑卦伝があります。

最初の「彖」は「材料」のことで、「断ずる」という意味もあります。要するに「断ずるための材料」です。

「象《しょう》」と書いてあるのは形です。形を読み取る。象は有象無象両方あります。

文言伝の「文」は「あや」という字です。美しい言葉で解説された文章で、これは「乾為天《けんいてん》」と「坤為地《こんいち》」という二つの卦の解説です。文言伝は二つの卦しか解説していません。

繋辞伝は、易経を世界的な哲学書、一級の思想書といわれるまでに高めたものです。あと説卦伝、序卦伝、雑卦伝とあります。説卦伝は古くから行われ、判断されてきた卦象を総括したものです。序卦伝は易経をそれほどご存じない方でもどこかで読まれているかもしれません。これは「乾為天《けんいてん》」「坤為地《こんいち》」からはじまり、「火水未済《かすいびせい》」で終わる六十四卦の書かれた順番を意味づけしたものです。その内容から、序卦伝と雑卦伝は最後にできたものではないかといわれています。

以上述べてきたことは、易経の概略的な知識です。特に覚える必要はありません。こういうものなのだと知っておいていただければ結構です。

八卦六十四卦の成り立ち

易経では、この世界の大本にあるものを「太極」と考えます。太極とは、まだ陰にも陽にも分かれていない、この世界の根源であり混沌《こんとん》としたエネルギーです。この太極の渾然《こんぜん》一体とした世界を便宜的に陰と陽とに分けるところから、はじまります。

まず世界は陰と陽の二つに分けられました。そして陽を「⚊」で表し、陰を「⚋」で表しました。数字でいくと、奇数の一が陽で、偶数の二は陰になります。

しかし、陰と陽に分けたけれど、これだけではまだ漠然としていてよくわからない。そこで、陽の中でもより陽が強い意味として、陽の上に陽を重ねた「陽の陽」と、やや陰に近い「陽の陰」に分けました。同じく陰のほうも、陰がより強い「陰の陰」と、やや陽に近い「陰の陽」に分けました。これで混沌とした世界は四種類に分けられました。

でも、この四種類でもまだ十分にはわからないというので、「陽の陽」の中でさらに陽が強い「陽の陽の陽」とやや陰に近い「陽の陽の陰」、「陽の陰」の中でやや陽が強い「陽の陰の陽」とさらに陰が強い「陽の陰の陰」に分けました。陰も同様に、「陰の陽の陽」「陰の陽の陰」「陰の陰の陽」「陰の陰の陰」に分けました。これで八種類になりました。

こうして八種類に分けたものが「八卦《はっか》」と呼ばれます。これに名前を振り当てたものが「乾《けん》・兌《だ》・離・震・巽《そん》・坎《かん》・艮《ごん》・坤《こん》」という卦名です（64頁の八卦太極図参照）。そして今度はその八卦にそれぞれの卦のシンボルとして、自然の中から「天・沢・火・雷・風・水・山・地」を振り当てました。

たとえば、「水」の卦名は「坎《かん》」です。

坎という字は土が欠けると書きます。地面が欠けたら穴になります。人間が穴に落ちたら穴からはい上がるために四苦八苦します。だから坎とは「難」を表します。苦しみ、艱難辛苦《かんなんしんく》という意味が坎の卦にあります。

そして、水に戻りますと、古代中国は水害に翻弄《ほんろう》される歴史でした。先にもいいましたが、水を治めるものは天下国家を制するといわれたぐらいです。その水の代表選手が大きな川です。大きな川は、大川《たいせん》と書きます。「大川を渉る」という言葉が易経には頻繁に出てきます。「大川を渉るに利《よ》ろし」といったら、「その困難を乗り越えて大事業を興していいですよ」という意味になります。「大川を渉るに利ろしからず」ならば、「苦労と危険がともなうから控えなさい」と読み取るわけです。

このように卦の一つひとつに意味があります。

その意味が八卦太極図の一番上に示されている性質です。

乾は自然配当にすると天であり、その性質は健《すこ》やかである。

兌は自然配当にすると沢であり、その性質は悦ぶ（ほかに「壊れる」という意味も）。

離は自然配当にすると火（場合によっては太陽）であり、その性質は離《さ》く。

震は自然配当にすると雷であり、その性質は動く。

巽は自然配当にすると風で、その性質は入る。

坎は自然配当にすると水で、その性質は陥る。

艮は自然配当にすると山で、その性質は止まる。

坤は自然配当にすると地で、その性質は順《したが》う。

八卦のそれぞれが以上のような性質を持っています。

さて、この八種類だけでもある程度の様子はわかるのですが、それだけでは細かいところまで詳しくはわからない。そこで今度は、八卦を二つ重ね合わせて二段にしました。これが六十四卦になりました。

六十四卦早見表（65頁）を見るとおわかりいただけると思いますが、上卦《じょうか》と下卦《かか》に分かれています。下卦は下にある三本の爻、上卦は上にある三本の爻をいいます。

乾為天は、上卦と下卦のそれぞれ三本の爻がすべて陽になっています。先にも述べましたが、「爻」は「交わる」という意味です。陰と陽が交わる。そして「爻」は変化を表します。交わると必ず化けます。たとえば、陽の男性と陰の女性が交わって新しい生命体である赤ちゃんが生まれます。これも化けたものです。

最初にもいいましたが、この六十四種類の卦の一つひとつは芝居の舞台設定のようなものです。その場その場でいろいろな問題が起こります。たくさんの登場人物が出てきます。さらにはその問題をめぐって場面が進行していきます。その変化していく一場面一場面がこの一本一本の「爻」にあたります。

易は必ず下から上に進みます。これは約束事です。

この六十四卦にはそれぞれ名前がありますが、これは特に覚える必要はありません。専門家はもちろん覚えなければ話になりませんが、まったく覚えなくても易経の本文は読めます。

ただ、「卦」の名前がどのように成り立っているかということを一応説明しておきます。

乾為天という卦があります。六十四卦早見表でいうと、右上にあります。この卦は上卦が乾、下も乾、自然配当は天になっています。乾為天とは「乾を天と為す」という、そのままの意味です。これが名前のつけ方のひとつのパターンです。

乾為天のように上卦と下卦が同じものは八種類あります。六十四卦早見表で乾為天から斜めに左下へ向けておりていくところを見てください。兌為沢《だいたく》、離為火《りいか》、震為雷《しんいらい》、巽為風《そんいふう》、坎為水《かんいすい》、艮為山《ごんいさん》、坤為地《こんいち》と書いてあります。これはすべて乾為天と同様に「○を×と為す」という意味です。たとえば、「兌を沢と為す」「離を火と為す」ということですね。

八卦太極図

八卦	シンボル	性質
乾《けん》	天	健《すこ》やか
兌《だ》	沢	悦ぶ
離《り》	火	明るい
震《しん》	雷	動く
巽《そん》	風	入る
坎《かん》	水	陥る
艮《ごん》	山	止まる
坤《こん》	地	順《したが》う

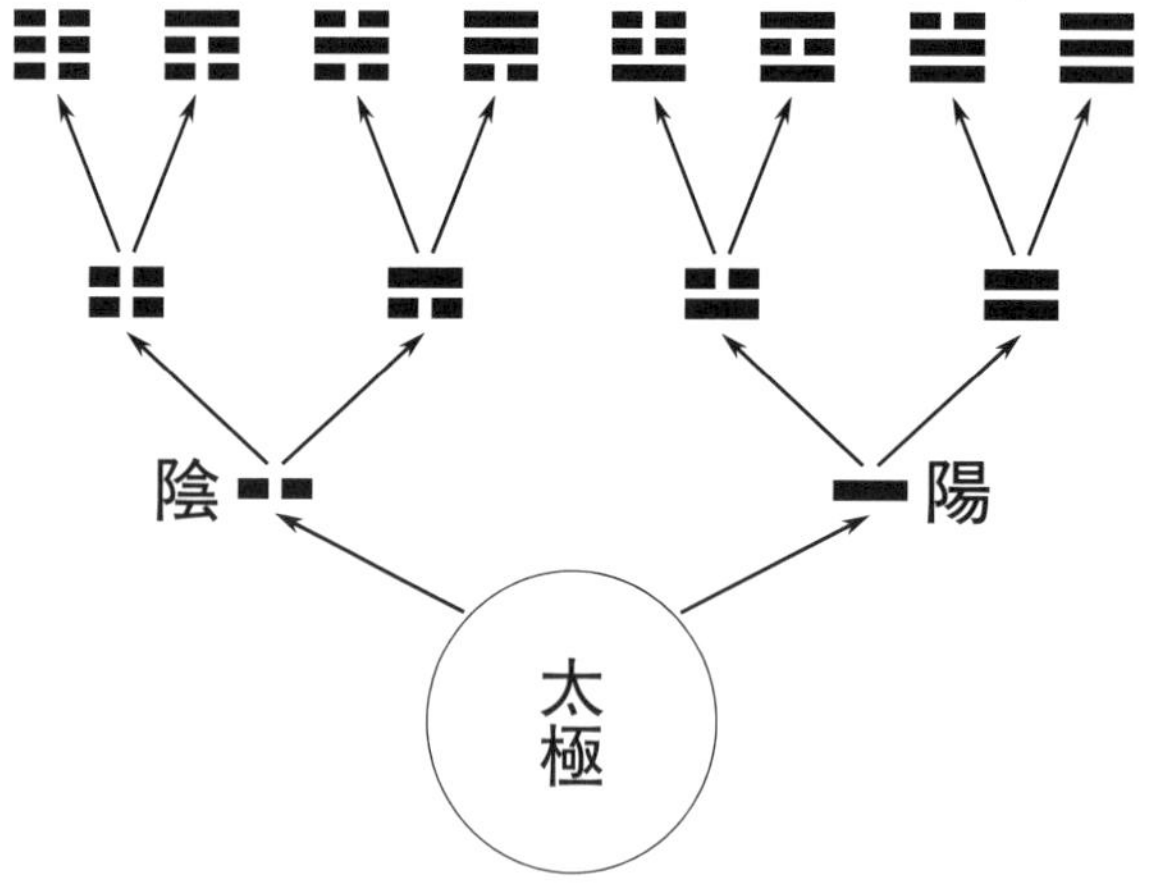

六十四卦早見表

下卦＼上卦	乾☰（天）	兌☱（沢）	離☲（火）	震☳（雷）	巽☴（風）	坎☵（水）	艮☶（山）	坤☷（地）
乾☰（天）	乾為天	沢天夬	火天大有	雷天大壮	風天小畜	水天需	山天大畜	地天泰
兌☱（沢）	天沢履	兌為沢	火沢睽	雷沢帰妹	風沢中孚	水沢節	山沢損	地沢臨
離☲（火）	天火同人	沢火革	離為火	雷火豊	風火家人	水火既済	山火賁	地火明夷
震☳（雷）	天雷无妄	沢雷随	火雷噬嗑	震為雷	風雷益	水雷屯	山雷頤	地雷復
巽☴（風）	天風姤	沢風大過	火風鼎	雷風恒	巽為風	水風井	山風蠱	地風升
坎☵（水）	天水訟	沢水困	火水未済	雷水解	風水渙	坎為水	山水蒙	地水師
艮☶（山）	天山遯	沢山咸	火山旅	雷山小過	風山漸	水山蹇	艮為山	地山謙
坤☷（地）	天地否	沢地萃	火地晋	雷地予	風地観	水地比	山地剥	坤為地

この八種類が「八純の卦」といわれます。純粋の卦、上も下も同じ卦です。

この八種類以外の五十六種類の卦は、乾・兌・離・震・巽・坎・艮・坤という気の名前はいっさい使わず、天・沢・火・雷・風・水・山・地という自然配当の名前が上卦にも下卦にもつきます。たとえば、乾為天のすぐ下は、天と沢で「天沢履《てんたくり》」になるわけです。

つまり、八種類の純粋の卦以外はすべて自然配当で名前ができています。そういうふうに名前がつけられているのだということだけを知っておいてください。

陰と陽の分け方

次に【陰】と【陽】の分け方についてお話しします。

【陰】地　夜　悪　邪　止　弱　柔　小　月　寒　女　子　一

【陽】天　昼　善　正　動　強　剛　大　日　暑　男　親　十

自然を天と地にもし便宜的に分けたとしたら——便宜的にというのがミソです——天が陽で地が陰になります。同様に、一日を昼と夜に分けたとしたら、昼が陽で夜が陰です。善と悪を陰陽に便宜的に分けたとしたら、善が陽で悪が陰です。正邪しかり、動くと止まるも陰陽に分けたら陽は動く、陰は止まる。強弱も強が陽、弱が陰。

そうやって分けると、陽は、剛、大、日、暑、男、親。陰は、柔、小、月、寒、女、子。

私は女性ですけれど性格はかなり男っぽくて、男性的な女性といわれています。女友達には「男っぽいね」といわれるし、男友達にもそのようにいわれることがしばしばあります。でも性別は女です。

そうすると私の場合、「陽がわりと強い陰」というように見ることができます。私の中にはプラスもマイナスもある、陽も陰もあるわけですからね。

とっても女らしい女性もいます。その人たちは「陰の中の陰」「陰の強い陰」と見ればいいでしょう。それでも陽の部分がまったくない女性はいません。男性もしかりです。すごく男らしい男性でも、やさしさというのは陰なのです。

こう考えると、陰陽の分け方というのはかなり便宜的だといえます。第一、人間は陰でも陽でもありません。すべては太極から発しているのですから、陰と陽を別々のものとして考えることはできないのです。

　陰と陽は変化します。陰が陽になり、陽が陰になります。ある時は陰、ある時は陽になります。では、絶対的な陰はあるかといったら、それは存在しません。絶対的な陽も存在しません。陰と陽は実際にはひとつのものです。それが陰になったり陽になったりするだけです。陰陽はひとつの存在です。そこが根源であり、出発点です。そこから出発して、陰の働きになったり、陽の働きになっていくわけです。

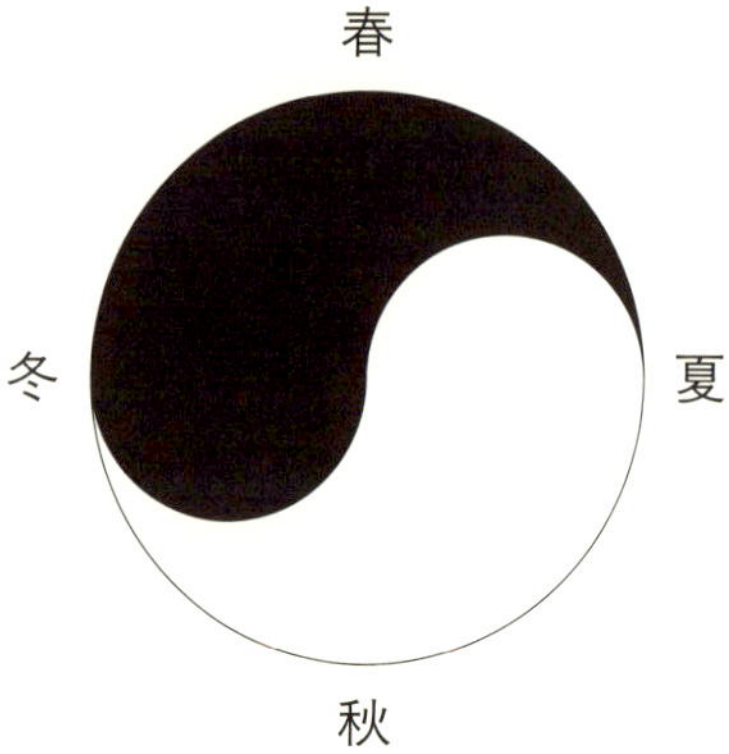

陰陽図

　賢さは陽です。愚かさは陰です。でも私の中には賢い部分と愚かな部分の両方があります。要するに、陰も陽も両方ともあって、陰になったり陽になったり、そして陰が強くなったり陽が強くなったりします。ある時はわざと陽を出してみたり、ある時はわざと陰を出してみることもあります。

　また、陰は陽があってはじめて成り立ちます。

陽は陰によって生かされます。天と地に分けると、天は陽であり、地は陰です。天と地が交わるということは、天の「気」をしっかり受けて、大地が多くのものを育て、実らせることです。

変化を「変と化」に分けると、変ずる力は陽の天、化は陰の地です。「変に応じて化ける」のが地の力です。男性の変ずる力を受けて、女性が化けさせる。変化、変じて化ける、ものをつくり出す。これらはすべて陰と陽の交わった成果です。

一陰一陽これを道という

易経の中には「一陰一陽これを道という」という言葉があります。

陰と陽のどちらかが強くなれば、どちらかが弱くなります。これを「消長」といいます。消長して循環していくのです。

陰が伸びて力をつけていく時代もあります。そういう時代には、陽はあまり活躍できません。陰が伸びて力をつけていく時代は、天下国家でいうなら悪いことを企《たくら》む人たちが増えて、まともな政治家が力を発揮できない時代です。それを陰陽にたとえると、「陰が伸びて力をつけていって陽は活躍できない」という表現が成り立ちます。

この世の中はすべて変化します。変化しないものは何ひとつないといいました。すべて変化していきますから、陰も陽も固定されるものではありません。陰になったり陽になったりします。それは一年を見てもわかります。春夏は盛んに伸びていく陽です。そして秋と冬は蔵に納める陰です。

陰と陽は生かし合う存在でもあるといいました。対立する場合もありますが、助け合う、生かし合う、調和を保つという関係でもあります。

自分の過去を振り返っても、物事がうまくいった時は、陽の勢いが盛んだった時代です。陰の勢いが盛んになると、運気が衰えてきます。物事が進まなくなったり、障害物が現れたりします。

ある商品を生みだすのに十年かかったけれど、あの時代は静かに何かを積み重ねなければいけない時だったとか、研究に研究を重ね、力をつけた時代だったとかいうのなら、それは陰の時代だったのです。

そういうふうに見ていくと、陰が必ずしも嫌なものではありません。やさしさも陰です。柔らかさも陰です。強いだけでガンガンいくだけだったらどうなるでしょうか。
繫辞下伝《けいじかでん》に尺取虫《しゃくとりむし》のたとえが出てきます。

「日往《ゆ》けばすなわち月来たり、月往けばすなわち日来たり、日月あい推《お》して明生ず。寒往けばすなわち暑来たり、暑往けばすなわち寒来たり、寒暑あい推して歳成る。往くとは屈するなり、来たるとは信《の》ぶるなり。屈信あい感じて利生ずるなり。尺蠖《せきわく》の屈するは、もって信びんことを求むるなり。龍蛇《りゅうだ》の蟄《かく》るるは、もって身を存するなり」

「日」は太陽で陽です。「月」は陰です。「日が往けば月が来て、月が往けば日が来る」で一日が経ちます。「歳」は一年です。「暑」は春夏、「寒」は秋冬です。「秋冬が往けば春夏が来て、春夏が往けば秋冬が来る」で一年が成り立ちます。

「信」は「伸びる」という意味と同じです。「尺蠖《せきわく》」は尺取虫です。尺取虫は身を屈めて伸びて前に進みます。前に伸びるために身を屈めるのです。「尺蠖《せきわく》の屈するは、もって信《の》びんことを求むるなり」とは、この尺取虫の動きをいっています。「龍蛇」の龍や蛇が隠れるのはなぜか。それは身を存して次の時代の準備をするためだという意味です。ここですでに陰陽の展開をいっています。

陰陽は入れ替わり変化して、どちらかが力を発揮しながら陰から陽へ、陽から陰へというふうにめぐりめぐっていきます。学びの時代は陰です。その学んだものを社会に発揮するのは陽です。学びは陰のすばらしさです。発揮するのは陽のすばらしさです。

光は闇に対して光といいます。闇は陰です、光は陽です。光ばかりだったら輝いているからすばらしいように見えますが、私たちはゆっくり休めません。夜は暗いに限ります。

ゆっくりと休んで英気を養うのは陰です。そして翌朝、力強く爽《さわ》やかに目覚める。これは陽です。陰から陽へと循環していきます。

陰陽は互いに相反しながら、対立しながら、助け合いながら、そして混ざり合おうとして交わりながら、互換重合して螺旋《らせん》状に大きな循環をしながら発展成長していくものなのです。これも「一陰一陽これを道という」の意味です。

右と左だとか、縦だとか横だとか、有るとか無いとか、いちいち分けないでください。もとはひとつのものです。それは陰でも陽でもありません。陰と陽をはっきりと二つに分けないでください。そういう考え方をしていると、力がなくなってしまいます。

陽は強く、陰は弱いのですが、陰の弱さ、柔らかさを借りて、陽は助けられる場合が多いのです。とすれば、陰にもそういった強さがあるわけです。陽として表現される強さと陰の強さは質が違います。

柔らかさやしなやかさ、受容する能力は陰です。受容、受け容れる能力において女性ほどすばらしいものはありません。力を発揮する器量は陽です。男性は力を発揮します。しかし、それを受け容れることに関しては、男性は女性に勝てません。度量は陰です。陽である男性が陰である度量を持てば申し分ありません。

陰と陽を別々に考えずに、陰と陽は循環しながら助け合い補い合いながら新しいものに変化し、成長発展していくのだということをまずは肝に銘じてください。そうすると易経が読みやすくなります。陰だからいけない、陽だからすばらしいという読み方で易経を読んではいけません。

晴れは陽で、雨は陰になりますけれど、だからといって雨は悪いものではないというのはわかりますね。雨がないと困ってしまいます。陰陽とはそういうものなのです。

本章では八卦六十四卦の基本的な見方や考え方を説明してきました。これはいちいち覚える必要はありません。易経はこういう構造で成り立っているということがおおよそわかっていただければ十分です。

それでは、次の章からいよいよ易経の本文を読んでいくことにしましょう。

第三章

確乎不抜の志を打ち立てる

——潜龍の時代

乾為天に書かれた龍の話

私が易経を読む出発点になったのは、そこに書かれている龍の話にひかれたからです。龍の話は、易経の最初に出てくる乾為天《けんいてん》という卦《か》に書かれています。乾為天は、人生や会社、団体、プロジェクトなどがどのように伸びて、どういった場合に没落していくのかを、龍の変遷になぞらえて説明しています。また、君子のあり方を龍になぞらえて教えている卦です。

龍は想像上の生き物ですが、昔からめでたいものとされてきました。なぜめでたいのかというと、雲を呼ぶ能力を持っているからです。龍の置物や絵を思い出していただきたいのですが、必ず雲と一緒にいます。つまり、龍には雲を呼んで恵みの雨を降らせる能力があるのです。

大自然の中で、天地は恵みの雨を降らせて百花草木、生きとし生けるものすべてを生み、養い育んでいきます。そして大いなる循環を起こします。すべてのものは恵みの雨によって潤い、育っていくのです。そのため、雲を呼んで雨を降らす龍はめでたい生き物とされてきたわけです。

しかし、龍はいつもその能力を発揮できるわけではありません。時に中《あた》らないと、雨を降らせることはできないのです。その時に中るために、龍は段階を追って成長していかなくてはいけません。

その成長の段階を追いながら、乾為天を読み進めていきたいと思います。


【乾為天】

乾《けん》は元《おお》いに亨《とお》る。貞に利《よ》ろし。象《たん》に曰く、大いなるかな乾元、万物資《と》りて始む。すなわち天を統《す》ぶ。雲行き雨施して、品物形を流《し》く。大いに終始を明らかにし、六位時になる。時に六龍に乗じ、もって天を御す。乾道変化して、おのおの性命を正しくし、大和を保合するは、すなわち利貞なり。庶物に首出して、万国咸《ことごと》く寧《やす》し。象《しょう》に曰く、天行は健なり。君子もって自ら強《つと》めて息《や》まず。

(初九)、潜龍、用いることなかれ。象《しょう》に曰く、潜龍用いることなかれとは、陽にして下に在《あ》ればなり。
(九二)、見龍田に在り。大人《たいじん》を見るに利ろし。象に曰く、見龍田に在りとは、徳の施し普《あまね》きなり。
(九三)、君子終日乾乾し、夕《ゆう》べに惕若《てきじょ》たり。厲《あや》うけれども咎《とが》なし。象に曰く、終日乾乾すとは、道を反復するなり。
(九四)、あるいは躍りて淵に在り。咎なし。象に曰く、あるいは躍りて淵に在りとは、進むも咎なきなり。
(九五)、飛龍天に在り、大人を見るに利ろし。象に曰く、飛龍天に在りとは、大人の造なるなり。
(上九)、亢龍悔《こうりゅうくい》あり。象に曰く、亢龍悔ありとは、盈《み》つれば久しかるべからざるなり。
(用九)、群龍首なきを見る。吉なり。象に曰く、用九は、天徳首たるべからざるなり。

【文言伝】

初九に曰く、潜龍用いることなかれとは、何の謂《いい》ぞや。子曰く、龍徳ありて隠れたる者なり。世に易《か》えず、名を成さず、世を遯《のが》れて悶《うれ》うることなく、是《ぜ》とせられずして悶うることなし。楽しむ時はすなわちこれを行ない、憂うる時はすなわちこれを違《さ》る。確乎としてそれ抜くべからざるは、潜龍なり。

九二に曰く、見龍田に在り、大人を見るに利《よ》ろしとは、何の謂ぞや。子曰く、龍徳ありて正しく中する者なり。庸言これ信《まこと》にし、庸行これ謹み、邪を閑《ふせ》ぎてその誠を存し、世に善《よ》くして伐《ほこ》らず、徳博《ひろ》くして化す。易に曰く、見龍田に在《あ》り、大人を見るに利ろしとは、君徳なるなり。

九三に曰く、君子終日乾乾し、夕べに惕若《てきじょ》たり、厲《あや》うけれども咎なしとは、何の謂ぞや。子曰く、君子は徳を進め業を修む。忠信は徳を進むるゆえんなり。辞《ことば》を修めその誠を立つるは、業に居るゆえんなり。至るを知りてこれに至る、ともに幾《き》すべきなり。終わるを知りてこれを終わる、ともに義を存すべきなり。この故に上位に居りて驕《おご》らず、下位に在りて憂えず。故に乾乾す。その時によりて惕《おそ》る。危うしといえども咎なきなり。

九四に曰く、あるいは躍りて淵に在り、咎なしとは、何の謂ぞや。子曰く、上下することと常なきも、邪をなすにはあらざるなり。進退すること恒《つね》なきも、群を離るるにあらざるなり。君子徳を進め業を修むるは、時に及ばんと欲するなり。故に咎なきなり。

九五に曰く、飛龍天に在り、大人を見るに利ろしとは、何の謂ぞや。子曰く、同声あい応じ、同気あい求む。水は湿に流れ、火は燥に就《つ》く。雲は龍に従い、風は虎に従う。聖人作《おこ》りて万物観《み》る。天に本づくものは上に親しみ、地に本づくものは下に親しむ。すなわちおのおのその類に従うなり。

上九に曰く、亢龍悔《こうりゅうくい》ありとは、何の謂や。子曰く、貴《たっと》くして位なく、高くして民なく、賢人下位に在りて輔《たす》くるなし。ここをもって動きて悔あるなり。

以上は、易経の中の「乾為天䷀」という卦の抜粋です。

先に卦辞《かじ》と爻辞《こうじ》について説明しましたが、この卦の冒頭の「乾《けん》は元《おお》いに亨《とお》る」から「君子もって自ら強《つと》めて息《や》まず」までが乾為天という時の流れを表す卦辞になっています。

また、爻を見るとわかるように、乾為天はすべて陽爻でできています。この六本の爻は変化の過程を表しますが、本章では、初爻の位にあたる龍の話をしていきたいと思います。

それは潜龍という龍の話です。潜龍はまだ潜んでいる段階の龍です。易経でいう「時」とは時間だけを指すのではなく、処（場・状況）、位（位置・社会的地位）も含まれているといいましたが、この潜龍は時も処も位も得ていない龍なのです。

龍は六段階に変遷する

この潜龍の話に入る前に、乾為天の初九から上九までの要約をしておきます。初九から上九に至るまでの六つの段階を一段ずつ昇りながら龍は変わっていくことになります。

変遷過程は初爻から上爻までの六段階に分かれます。

初爻。潜龍の時代。潜龍はまだ時も処も位も得ていません。そんな時に事を起こせば、必ず失敗してしまうことになります。

二爻。見龍という龍の話。淵に潜んでいた龍が田畑に出てきた段階です。この時期、先見の明のある大人《たいじん》との出会いがあります。「この潜龍は将来大きな飛龍になるぞ、恵みの雨を降らせるだけの徳があるぞ」と見出されて田畑に引き上げられ、見龍となります。

見龍の時代は人を見て学ばなくてはいけません。師となる人物を見つけ、基本を修養する段階です。つまり、時の流れの基本とは何か、洞察力（見えないものを観る、兆しを観る）の基礎を習得していく時代といえます。

三爻。「君子終日乾乾す」の時代。見龍は、基本はできてもまだまだ応用力がありません。そこで、応用力を養うために意志をもって努力する必要があります。「乾乾す」とは「朝から晩まで一日中、前向きに積極的に努力して進んで行く」という意味があります。そして「夕べに惕若《てきじょ》たり」。これは改めて詳しく説明しますが、「夜になったら今日はこれでよかったのか、あれでよかったのかと省みなさい」という意味です。

つまり、三爻で表される龍は、自分の頭で考えて創意工夫して技を生みだす段階にあります。いい換えれば、時を省みることで兆しの現れを知る時代です。仕事でいうとマネジメント能力を養う段階といっていいでしょう。

四爻。躍龍。これは飛龍になる前の段階で、淵にある龍ともいいます。跳躍のタイミングを計っています。独自の世界を究め、兆しを見極め、時を判断して、今飛んでいいのかどうかを観ている段階です。

五爻。飛龍。大空を悠々と飛翔する龍です。この段階にいたって、雲を呼んで恵みの雨を降らせることができるようになります。飛龍とは、さまざまなことを実現して、社会に大いなる還元をしていく龍です。しかし、飛龍になったからといって、好き放題にやりすぎると、その後には悲しみが待っています。飛龍の時には気をつけなくてはならないことがあります。

上爻。亢龍《こうりゅう》。驕《おご》り高ぶりのために失速する龍です。成功を極め、衰退していく段階です。洞察力が衰え、時と兆しを見極められなくなります。

このようなプロセスで乾為天は書かれています。

いまだ「幾」は熟さず

今回はこのような龍の変遷過程の一番目にあたる潜龍について詳しくお話ししていきます。先の乾為天の文章でいえば、初九の話です。初九にはこうあります。

「(初九)、潜龍、用いることなかれ。象《しょう》に曰く、潜龍用いることなかれとは、陽にして下に在《あ》ればなり」

龍は、陰と陽に分けると陽のものです。雲は陰のものです。そして、龍は雲と一緒にいなければ龍の役割である雨を降らせることができません。

でも、初九の段階の龍はまだ潜んでいる龍です。時も処も位も得ていません。下手なことをするとすべて大失敗に終わります。

たとえ話でいえば、いい製品ができたとして、それを世の中に問うには商品化しなくてはいけません。その商品化する手続きを怠り、焦ってすぐに世の中に出そうと試みたところで、絶対にものにはなりません。それどころか、冬の氷の上に種を蒔いたのと同様、せっかくの良い種が腐ってしまう可能性もあります。

潜龍はまだ時を得ていないのですが、これにはさまざまな理由があります。まず実力そのものがない場合。将来は雨を降らせることができるかもしれないけど、まだその実力がついていないという場合です。これとは正反対に、たいへんな実力の持ち主で過去には雨を散々降らせた人、もしくは、雨を降らせる能力だけはしっかり持っているけれど、いまは時を得ていないという場合もあります。能力は正反対ですが、どちらも潜龍なのです。

先に述べたように、易経の「時」というのは「時、処、位」が三位一体となった「幾《き》」ですから、いくら実力があっても「幾」が熟していなければ何事も成り立たないのです。

これを具体的な例に置き換えて考えてみましょう。

たとえば、人を雇う場合に、もしもその相手が潜龍――実力のない潜龍という場合もあれば、実力はあるが時を得ていない潜龍という場合もあります――であるならば、用いてはなりません。これが「潜龍用いるなかれ」です。「将来この龍は育つな」と思えば受け容れてもかまいませんが、決して用いてはならない。過去にどのようにお世話になった人から頼まれたとしても、預かるのは良いが、用いてはならないのです。

それはなぜかというと、将来見事に飛龍になる人物かもしれないけれど、時を間違えたがために使い物にならなくなってしまう恐れがあるからです。だから無理に即戦力を求めてはならないわけです。いたずらに早成することを求めてはいけません。焦ってはならない。これが潜龍の人に対処する一番大切なポイントになります。

では、潜龍の時代には何をすればいいのか。それが易経にはしっかりと書かれています。「ひたすらに力を蓄えよ」というのです。

「乾為天」の文言伝の初九の部分を読んでみましょう。

「初九に曰く、潜龍用いることなかれとは、何の謂《いい》ぞや。子曰く、龍徳ありて隠れたる者なり。世に易《か》えず、名を成さず、世を遯《のが》れて悶《うれ》うることなく、是《ぜ》とせられずして悶うることなし。楽しむ時はすなわちこれを行ない、憂うる時はすなわちこれを違《さ》る。確乎としてそれ抜くべからざるは、潜龍なり」

どうして潜龍を用いてはいけないかというと、潜龍には龍の徳はあるけれども、まだ時ではないために働きが隠れている。だから、世の中を変えるだけの力が発揮できなくても、成功して名を成すことができなくても、正しいことが通らないからと悩むことはないし、認められないからといって悩むこともない。正しい意見が通るのならそれを行えばいいし、正しい意見が通らない時は時が違うのだから無理をする必要はない。しっかりと抜きがたい志をこの時に打ち立てるのが、潜龍の時代である――そういう意味になります。

認められないことが幸せにつながる

「世に易《か》えず、名を成さず」にはいろいろな意味があります。先に挙げたように、本物の力がついていないとか実力を発揮できない修行段階の龍という場合もあります。あるいは、実力はあるがそれを発揮する場がない、今はそのような世ではないという場合もあります。

実力があっても発揮できない世とは、魑魅魍魎《ちみもうりょう》や小人が跋扈《ばっこ》している世をいいます。小人という言葉は大人ではない一般の人の意味で使われることが多いのですが、要するに大物ではない小物が権力を握っている世の中を想像してみるといいでしょう。

有象無象《うぞうむぞう》の小人がいくら集まったところで、そこに力のある指導者がいなければ、大きなことは何もできません。しかし、その小人が権力を持っていたとしたら、君子や大人にその権力を渡すでしょうか。そういう状況を考えていただくとわかりやすくなります。小人が力を持っている時代は大人や君子が力を発揮しにくい時代であり環境なんですよ、という意味があるのです。


そしてそのような時代には正しい意見であっても、なかなか通りません。

昨今、経済界では多くの不祥事が起きていますが、たとえば、ある会社の社長と会長が他の役員に内緒でなんらかの不正に意図的に手を染めていたとします。こういう状況で、すぐれた能力のある役員が「不正はいけません。やめましょう」と正しい発言をしても、大抵は通りません。なぜならば、社長も会長も違法行為とわかってやっているわけですから。

この「世を遯《のが》れて」の「世」を、そういう会社としてイメージしてみてください。そして、今は正しい意見が通らない時なのだと悟ってそこから逃れていればいい、それを憂えることはない、というのです。「遯」という字は「走って逃げる」という意味ですが、自分が損するから逃げようというのではなく、正しいことが通らない時だから逃げなさいという意味になります。

正しくても認められないのだから、その人にいくら実力があっても権力の座にはつけません。だからといって、食べていくために権力に迎合したり、利得・利権に自分も与《あずか》ろうとはしないのが君子というものです。この時の君子の立場は、潜龍の立場と同じです。時も処も位も何ひとつとして手にしていません。

そうやって迎合することなく逃げていると、当然、「是とせられずして」ということになります。つまり、まったく評価されず、「あいつは使い物にならない」といわれてしまいます。しかし、認められないからといって悶々《もんもん》と悩むことはない。

ここで勘違いしがちなのは、正しいことが通らないからといって逃げてしまっていいのかという点です。これについて易経は「負ける戦いはしてはいけない、もし戦うのなら必ず勝つ戦いをしなさい」と書いています。

では、負ける時は逃げればいいのかというと、そうではないのです。そういう時は「時を観なさい」といっているのです。その上で「どんなにリスクがあっても結果的に通るのであれば行きなさい」といって、傷つかない行き方を必ず提示してくれています。これが危機管理につながっていくわけです。

戦うことが正しくても、そのために殺されてしまっては元も子もありません。だから正しい意見が通らないのだとしたら、「今は時が違うのだから待ちなさい」というわけです。それも、ただぼーっとして待つのではなくて、時が来た時に戦って必ず勝てるように万全な準備を整えなさい、というのです。

潜龍の時代は認められないのが当たり前なのですが、易経では「認められないことが幸せにつながる、実力につながる」といっています。

何もないから大きな志を打ち立てられる

では、そうした潜龍の時代になすべきこととは何かといえば、「確乎不抜《かっこふばつ》の志を打ち立てることだ」と書かれています。

もし正しい意見が通る「楽しむ」時であれば、それを行えばいい。でも、意見が合わなくて「憂うる」時は、自分自身の利欲のみを考えてそこに留まるのではなくて去りなさい。そして、「確乎としてそれ抜くべからざる」志を立てなさいというのです。

「確乎不抜」の言葉は、ここが出典になっています。

潜龍の時代に打ち立てなくてはならないもの、それは正しい確乎不抜の志です。なぜしっかりと抜きがたい志をこの時に打ち立てなくてはならないのか。その志の中身は何であるのか。

龍の志とは何だったでしょうか。それは雲を呼んで雨を降らせ大いなる循環を起こすことだといいました。それが龍のあるべき姿で、龍としての責任、龍としての義務です。その志にもとづいて、潜龍は自分の将来の龍としてのあるべき姿、飛龍になった時にどのようなことをしようかと、とてつもなく大きな夢を描くのです。そんな大きな夢であって初めて志といいます。

そして、なぜ抜きがたい志を打ち立てなくてはならないのかというと、志はしぼんだり、失ったり、変容したり、変質していくからです。だからこそ、最初の何も手にしていない時に、しっかりとした抜きがたい志を打ち立てなさいというのです。易経は、何も持っていない、認められない、そういった不遇な時代のほうが確乎不抜の志が打ち立てられるといっています。まるで逆説のように聞こえますが、わが身に置き換えてイメージしていただきましょう。

過去のご自分を振り返って、あるいは周辺にいるよく知っている人物や、よく知っている会社のことに置き換えて想像していただきたいのです。

若い時には大きな志を持っていた人が、社会で評価され、地位が上がっていくにつれて志の中身が変容していった、ということに思い当たらないでしょうか。なぜ変わってしまうのかは不思議なのですが、世の中に認められていくうちに守るものがたくさん増えてくることもその一因でしょう。たとえていえば、気に入った靴に合わせて自分の足を削るようなものかもしれません。誰からも認められない潜龍の時代はとても辛《つら》い立場ではありますが、世の中に出られないことを除けば、逆に限界が何もないのです。

潜龍の時代は内面的な蓄積をする時です。静かに将来を思う時です。思うこと、研究すること、思索することは静かな時でないとできません。認められて忙しくなっていったら、勉強する時間がありません。だから、まずはとにかく蓄えるのです。蔵するのです。

秋の実りを迎えるためには春に種を蒔くことだといいました。でも、もしも春になる前の冬の蓄えがなかったら、つまり、氷に閉ざされた冬の大地が静かに滋養を蓄えていなかったら春の土壌は育たないのです。春が来たからといって良い種を蒔いても、土壌が疲れていては大きな実りは迎えられません。

潜龍の時代は「将来、龍としてどのような大きな循環を起こすか」を夢見ながら静かに思う時です。そんな時に、早成を願って事を構えたら失敗するのが当たり前です。恥をかくだけではありません。二度と立ち上がれないほどの痛手を受ける場合もあります。

ですから、潜龍の時代は修養の時、修行の時、徳を身に蓄える時、大いなる志、確乎不抜の志を打ち立てる時なのです。

道元禅師は「発心《ほっしん》正しからざれば万行空しく施す」といわれたそうです。これは、最初に打ち立てた確乎不抜の志が正しくなければ、どのように成功しようともすべての行いは空しい、という意味です。

この潜龍の時代を大抵の人は嫌います。でも実は、飛龍になった時のスケールは、その深さも、その厚みも、潜龍の時代にかなりの部分が決まるのです。何もない時に、何の限定もない時に、どれほどの大きな志を描いたか。それによって、将来どれだけ大きく飛躍して大空を駆けめぐることができるか、そして恵みの雨を降らせて大いなる循環を起こすことができるかが決まるのです。ですから、潜龍の時代は本当に大切なのです。

お年寄りの中には、「そんなことといわれても潜龍の時代なんてもうとっくに終わっちゃったよ。あぁしまった。若い時に易経を読んでおけばよかったなぁ」といって嘆かれる方がおられます。

しかし、それは違うのです。確かに、年齢を基準にして見れば、潜龍の時代は若い時代かもしれません。でも私たちは人生の中で、潜龍から飛龍、あるいは亢龍にいたるまでのサイクルを何回も繰り返しているのです。

ゴルフの上達にも潜龍から飛龍までありますし、お茶やお花の稽古《けいこ》にも潜龍から飛龍までの段階があります。すべてにそういった龍の段階があるのです。

ただ、一生の大きな流れとして、自分の潜龍の時代はもう終わっていると感じている方は、わが身ではなく、たとえば後継者とか、新しいプロジェクトのように、今、潜龍の時代にある人やものを正しく育ててあげていただきたいのです。潜龍の志をつぶさないように、潜龍が志を、確乎不抜の志を持てるように育てていただきたいのです。

易経には「すべては志からはじまる」と何度も書かれています。潜龍はみなさん嫌がりますが、潜龍の時代を悠々と楽しめる自分になりたいと私は思います。私が潜龍の意味にはじめて気づいた時――それは二十五年以上前になりますが――あぁ潜龍を楽しめる自分になりたいなぁと心底思いました。

そして二十年前からは、「いつも潜龍元年、今が潜龍元年」という言葉をつくって自分に問いかけたり、言い聞かせたりしています。

この「いつも潜龍元年」というのは初心に返るのと同じ意味です。また、潜龍を楽しむという意味でもあります。「自分の潜龍は終わったなぁ」というのではなくて、逆に「どんな時でも潜龍に返ることができる」という意味も含んでいます。

人生の大半が潜龍の時代だった太公望

人生のほとんどが潜龍の時代であった人がいます。これも諸説紛々とした伝説の人物ですが、太公望《たいこうぼう》という人です。

太公望は、武王が殷の紂王を滅ぼして周王朝を建国する時に力を尽くした軍師です。また、「六韜《りくとう》」「三略《さんりゃく》」の作者でもあるといわれています。

太公望にはいろいろな伝説がありますが、よく知られているのが「三顧之礼《さんこのれい》」です。周の文王（武王の父）がまだ周部族の首領だった頃に、太公（文王の祖父）の時代から久しく待ち望んでいたすばらしい人物がいると聞いて会いにいきました。文王が訪れた時、太公望は釣りをしていました。「釣れますか」と文王が尋ねると、「わしは魚を釣っているんじゃない、国を釣っているのだ」と答えたという、実はこれは日本で作られた川柳です。この故事にちなんで、釣り好きを「太公望」と呼びます。文王は太公望にぜひとも周に来て力を貸してほしいと頼みましたが、太公望は二度断り、三度目の頼みにようやく応じました。「三顧の礼」は三国志の劉備《りゅうび》が諸葛亮《しょかつりょう》を迎えた時の故事成語といわれていますが、実ははるか昔からあったのです。

驚くのはその時の太公望の年齢が、すでに七十を過ぎていたといわれることです。当時の七十といえば相当の老齢でしょうが、そこではじめて召し抱えられたというのです。

そもそも太公望という名は「太公が望んでいた」という意味で、本当の名前は呂尚《ろしょう》といいます。その太公望呂尚はそれまでずっと兵法を研究してきたのですが、軍師に召し抱えられたあと、八十ぐらいまで戦っては負け、戦っては負けで、一度も勝てませんでした。すごいのは、いつも太公望自身が先頭に立って戦っていることです。若い者を引き連れて戦いに行って、いつも負けてしょぼしょぼと帰ってくるのです。

若い頃から連れ添った奥さんも、さすがに愛想を尽かして太公望から去っていきます。その後もなかなか勝てないのですが、九十ぐらいの時に牧野の戦いで武王を助けて殷王朝を滅ぼす功を上げて、斉に封ぜられます。斉は、塩がよくとれ、経済が発達した国で、その後、大いに栄えます。

太公望が成功すると、奥さんが「もう一回やり直させてください」と頼みにきました。すると太公望は、お盆に水を入れて、ひっくりかえしました。当然、水はこぼれてしまいます。これが「覆水盆に返らず」《ふくすいぼんにかえらず》の出典となっています。太公望は奥さんに教えたのです。もう信頼関係がなくなったのだから、元には戻れないよ、と。太公望に受け容れられなかった奥さんは悔しがって、城門のところで首を吊って自殺したという話が残っています。

これはあくまでも伝承ですけれども、私がすごいと思うのは、太公望はおそらく大いなる葛藤《かっとう》を抱えながら、それでも七十幾つになるまで悠々と釣りをしていたというところです。これもいろいろな説がありますけれども、とにかく潜龍の時代を七十年も悠々と過ごして、そして飛龍になった代表選手ではないかと思います。

今の時代は、人間の精神が弱くなってきています。若い人たちを見ても、社会の荒波にもまれたり、ちょっとしたことがあるだけですぐにめげてしまうようです。そうした潜龍の時代にある若い人たちがこれから見事な日本人に育っていってくれるように、なんとか応援、協力していきたいと思います。易経を学ぶことでそのひとつの働きができるとすれば、それは大いなる循環とまではいかなくても、雲を呼んで雨を降らせる一助にはなるのではないかと思うのです。

第四章

大人と出会い、徹底的に学ぶ

——見龍の時代

天命と運命

安岡正篤《まさひろ》先生は、「この命とは先天的に付与されておる性質能力だから天命といい、またそれは後天的修養によっていかようにも変化せしめられるものという意味においてて運命ともいう」といわれています。つまり、天命は動きのとれないものではなく、修養次第、徳の修め方いかんでどうなるかわからないものである。決して浅薄な宿命観などに支配されて自分から限るべきものではない、というのです。

この天命や運命というものを易経はどのようにとらえているでしょうか。この章の最初に、それを私流に説明してみようと思います。

松・竹・梅という木の話です。みなさんご存じのように、松は竹になるわけではありません。竹は梅になるわけではありません。梅は竹にも松にもなれません。これは変えることのできない天命、宿命というものです。

易経では「天命というのは天から授かった善きもの」という意味にとらえています。

では、運命をどのようにとらえているかといいますと、松は竹を羨《うらや》んではいけないし、梅を羨んではいけない、無理に竹や梅になろうとしてはいけない、と考えます。これは竹にとっても梅にとっても同じです。竹は松や梅にはなれないのだから、羨んだり、無理になろうという無駄な努力はしてはならない。

そういう前提のもと、運命をよりよくするためには、松は松としての見事な枝ぶりになるように努力しなさいというわけです。同じように、梅は美しく、馥郁《ふくいく》たる香りのあでやかな梅になるように努力する。その梅を見た人が和《なご》まされるような梅になる。そして竹は竹らしく真っ直ぐに、しなやかに伸びていくように努力する。つまり、松竹梅それぞれの生き方があって、それぞれに与えられた命をよりよく生かしきることが運命をよくすることだというのです。

これはひとつのたとえ話ですが、そういうことが易経の中ではいろいろな表現によって書かれています。

大人と出会う

さて、前章では潜龍の話をしました。まだ誰からも社会からもまったく認められていない。自分でも何者かわからない。時も処も位も何も得ていない。そういった潜龍の時代にいたずらに早成することを求めてはならない。むしろ潜龍の時代には、確乎不抜の志を打ち立てること、というお話をさせていただきました。

本章での龍は次の段階に進みます。見龍の話です。まず「乾為天」の九二を見てみましょう。

「(九二)、見龍田に在り。大人《たいじん》を見るに利《よ》ろし。象に曰く、見龍田に在りとは、徳の施し普《あまね》きなり」

文言伝にはこう書かれています。

「九二に曰く、見龍田に在り、大人を見るに利《よ》ろしとは、何の謂《いい》ぞや。子曰く、龍徳ありて正しく中する者なり。庸言これ信《まこと》にし、庸行これ謹み、邪を閑《ふせ》ぎてその誠を存し、世に善《よ》くして伐《ほこ》らず、徳博《ひろ》くして化す。易に曰く、見龍田に在《あ》り、大人を見るに利ろしとは、君徳なるなり」

潜龍の時代から一転して、見龍は世の中が見える段階に出てきます。それは潜龍の時代に徳を培ったからこそ可能になったのです。確乎たる不抜の志を打ち立て将来を思い、大きくイマジネーションを働かせる。そういったことは、人々や社会に認められて忙しくなると、できることではない、と易経には書いてありました。深く思うことも静かな時間がないとできない、と。

見龍は「見える龍」と書きますね。「見」は「見る、見られる、会う」などの意味があります。それから「聞く」という意味、「学ぶ」という意味もあります。つまり、見龍は、真っ暗闇といってもいい潜龍の時代を抜け出し、急に世の中が見える段階に入るのです。

「大人を見るに利ろし」とありました。大人という言葉が出てきますね。潜龍の時代に培った徳をいち早く見出して、世の中に引き上げてくれる大人との出会いがあって潜龍は見龍になります。大人には、「この人物は将来伸びるぞ」「この会社は将来伸びるぞ」といったことを見抜く先見の明があります。その大人によって、潜龍は見龍として「田に在り」つまり田畑に目に見える形として引き上げられるのです。

「田」は水田にあたります。龍は水のもので、水をつかさどります。雲を呼んで恵みの雨を降らせるのが龍でした。だから、水田に出てきます。

また水田は物を生み出して養い育て、実らせる基になります。耕作を学ぶ実践の場でもあります。この水田を「これから社会で仕事をしていくための基になる実践の場」というようにイメージしてみると、より話が身近になると思います。

基と型を身につける見龍の時代

潜龍の時代には確乎不抜の志を打ち立てることが最も重要な課題でした。では、見龍の時代はというと、「基と型をつくる」ことが最大の目的となります。とにかく基と型をつくりさえすれば、他のことは何もしなくていいのです。逆にいえば、基と型がしっかりできていないと、たまたまチャンスに恵まれてうまくいったとしても、長続きしません。その後で失敗します。

飛龍になるプロセスから見れば、見龍の段階は潜龍から少し出た段階にすぎません。いうなれば、よちよち歩きの龍のようなものです。まだ足腰がしっかりしていませんので、下手に歩いたり走ったりすると、基から駄目になってしまいます。

また、そういう失敗をしがちなのが見龍の時代でもあるのです。

潜龍から見龍になったばかりの状態を、ちょっとイメージしていただきたいのです。今まで真っ暗闇で何も見えなかったのに、一気に視界が開けました。視界が開けたということは、自分からも見えますが、まわりからも見られるという意味です。その急に開けた状態に自分がいるんだとイメージしてみてください。

どうでしょう。急に視界が開けると、なんだかすべてが見えた気になりませんか。「あっ、これが見えるということなんだな。これがわかるということなんだな。これからはなんでもできるぞ」と。

まったく見えなかった状態で急に視界が開けると、全部が見えてわかった気になります。これが見龍の状態です。将来は飛龍になれるのですが、まだまだ視界が開けたばかりの段階で、上から俯瞰《ふかん》して見ているわけではありません。さらにいえば、洞察力で見えないものを観ている状態でもありません。あくまでも自分の目に映るものだけが現象として見えるようになった状態にすぎないのです。

ここに落とし穴があります。

暗いところから明るいところに出ると、一瞬めくらましが起きます。つまり、見えないものが見えるようになると、自分にものすごく力がついたような錯覚に陥る場合があるのです。そして、やりすぎてしまい、失敗してしまうのです。

自分はまだよちよち歩きの龍なのだと自覚して、まずは社会を歩んでいくために必要な基と型をしっかり身につける必要があるのです。それが見龍の時代になすべきことです。

「大人を見るに利ろし」とは

では、その基と型を身につけるにはどうすればいいのでしょうか。その第一歩は「見る」ことです。見龍の段階では見る力を養いなさいと易経は教えています。

「大人を見るに利《よ》ろし」とは、自分を見出してくれる人、もしくは、将来の才能を観て推薦してくれる人を探しなさいという意味です。見龍の時代には自分が学ぶべき大人との出会いが必ずありますので、その大人を探し出して学ばなくてはならないと、はっきりと意識してください。

次はどのように学ぶのか。「学ぶ」という字は、古くは「まねぶ」と読みました。古い漢和辞典で「学」という字を引いてみると、「まなぶはまねぶなり」と書いてあります。「まねぶ」とは「真似をする」ことなのです。つまり「見て真似る」のです。理想をいえば、その大人の癖さえもコピーしてしまうぐらいに真似る。これが基と型をつくるコツになります。

スポーツでも武道でもお稽古事でも学問でもなんでもそうですが、最初はいくら真似しようとしてもなかなか真似ができません。なぜかというと、見る力がないからです。見る目がないのです。

たとえば、武道などでは一番の基本になるのは立ち方です。しかし、その立ち方も、重足をどのような形でどの角度で開いてとか、意識を臍下丹田《せいかたんでん》に持っていってとか、重心をどこに置くとか、細かな約束事がいろいろあります。それをそっくりそのまま真似しなさいというのが、「大人を見るに利ろし」の意味です。

これは簡単なようで非常に難しい。意識して繰り返し繰り返し練習して、コピーに徹しなくてはいけません。

ところが、急に視界が開けて見えた気になってしまうと、どのような気持ちが起きてくるでしょうか。今まではまったく認められなかったのが認められたのですから、喜びは計り知れません。そうすると期待に応えたくなって、自分の実力以上の力を発揮したくなります。それが努力だと勘違いしてしまうのです。

しかし、見龍の段階では、それをしては駄目だと易経はいっています。そんなことをする必要はない。ただひたすら基と型をつくれ、と教えているのです。目で見て、耳で聞いて、体で覚える。まずはこの繰り返しです。とにかく見る、見る、見る。

そうやって時間をかけてやっていくうちに、最初は意識しないと真似できなかったものが、楽に真似できるようになります。これが量稽古というものです。意識して真似ることを何度も繰り返していけば、かなりコピーすることができます。

ちょうど新人の営業社員が先輩について得意先を回っていると、一、二年も経《た》てば先輩の口癖まで真似するようになります。挨拶《あいさつ》のしかたも、声の出し方や顔の角度まで真似するようになっています。これが大切なのです。見龍の段階では大人のコピーに徹する、真似をする。これが一番です。そうすると、その専門分野において基と型ができるようになります。

この段階では、まだオリジナリティはありません。ここはこうしたほうがいいのに、と勝手にやりだすのはよくありません。真の創造力や創意工夫は完璧なコピーになってからでないと出てこないのです。完璧にコピーする前に、自分の考えで変えようとしてはいけません。オリジナリティを発揮するのは次の段階の話になります。

見習うべき大人の条件

逆にいえば、自分が見龍から見られる大人の側に立ったとすると、その見龍に対して力以上のものを求めてはなりません。応用力とか、変化技とか、問題解決能力とかいった、いわゆる即戦力を求めてはならない。そんなことより大変な役割が大人側にはあります。それは見られる側として、真似をされてもいい自分であることです。

では、見られる側の大人、真似されてもいい大人とはどうあればいいのでしょうか。

実はそのことが「文言伝」にしっかりと書かれています。
この見られる側の大人がどうあるべきかという条件は、リーダーの資質に大きくかかわってくる部分です。この資質は、その人の性格や個性にかかわるものではありません。性格や個性、あるいは立場はいろいろあります。そういうものを問題としているのではなく、物事に処する姿勢が大きなポイントなのです。

「乾為天」の文言伝に次のようにありました。

「龍徳ありて正しく中する者なり。庸言これ信《まこと》にし、庸行これ謹み、邪を閑《ふせ》ぎてその誠を存し、世に善くして伐《ほこ》らず、徳博くして化す」

この「正しく中する」の「中」は「時に中る」のところでお話ししたように「ぴったりの」という意味です。その時々にぴったりの、ということです。また、この中は中庸の中とも同じ意味です。また「庸言」「庸行」という言葉が出てきますが、この庸は中庸の庸と同じで「常《つね》」という意味です。
日本で中庸というと「とても穏やかで柔和」「バランスがよくとれている」「何があ

っても激しない」といった意味にとられがちです。これは本来の意味とは少し異なります。

易経がいう中庸は「鋭く的を射て偏りがない」という意味であり、さらには「その時その場面において出処進退をわきまえている」「最も適切なこと」という意味なのです。したがって、喜ぶべき時には喜ぶ、怒るべき時には怒る、楽しむべき時には楽しむ、泣く時には泣く、といったように喜怒哀楽に応じて感情を露《あら》わにしてもいいわけです。

ただし、それは「私」に偏ったことではいけないというのです。物事を客観的に公平に見て、その時にぴったりと合っていることが大切なのです。だから、進むべき時であったら進み、退くべき時には退き、止まるべき時には止まる、ということになるのです。

よく激した顔をすると「あの人は子供だね」といったりします。しかし、それが社会の状況とか国のあり方といった大きなものを憂えたり、将来のことを大きく考えて激しく怒りを感じるというのであれば、話は違います。そういうものを見て、怒りを感じる時には怒る、感激する時には感激するというのが中庸だといっているのです。

決して自分の感情を殺したり抑えたりすることが中庸ではありません。ただ、控えるべき時には控える、謹むべき時には謹むということです。

ここでいう「正しく中する」とはそういう意味です。ほどよく軋轢《あつれき》を避けたり、あの人が反対しているから合わせておこうといった、いわゆる社会的に大人《おとな》とされるような態度が中庸ではないということです。

「庸言これ信《まこと》にし」の「信」は「信じる」という字です。これは誠実で嘘や飾りがないという意味です。常の言葉に嘘や飾りがなく誠実であることです。

「庸行これ謹み」の「謹み」は「時中を得た行為であるかどうかを謹みなさい」という意味です。「謹んで縮こまる」という意味ではありません。常の行いがするべき時《じ》宜《ぎ》を心得ているかどうかを謹みなさい、という意味です。

次に「邪を閑《ふせ》ぎてその誠を存し」とあります。これは「外からの邪を閑ぐ」という意味よりも、ここでは「私の中に邪が起きないようにする」という意味にとってください。

正と邪を陰陽に分けると、正は陽であり、邪は陰に属します。男女を陰陽に分けると、男が陽で、女が陰になります。かといって、何も女が邪で男が正ということではありません。男性も女性も同じです。「私」の中に陽だらけの人はいないし、陰だらけの人もいません。人間は陰と陽の両方があって成り立っているもので、性別によって陰陽に分かたれるものではありません。

陰だけの存在はひとつもなく、陽だけの存在もありません。陰が強いか陽が強いかという違いはありますが、人間も、物事も、企業も、ありとあらゆるものすべてが陰陽混沌となった存在です。

そこで「邪を閑ぐ」ですが、「私」の中に正もあり邪もあるわけです。どんな聖人君子といわれる人物でも、邪がない存在はありません。したがって、もし「私の中には邪なんてないよ」と思ったらたいへんなことになります。

これは大人の側、見られる側として考えていただきたいことです。もしも邪がない人間がこの世の中にいるとなったら、その人間自体がとても薄っぺらな存在になってしまいます。そして、邪が出てくることの推理や想像ができなくなるのです。

世の中の不祥事は特殊な状況に置かれた時に起きると思われるでしょうか。実はそうではありません。どのようなことでも、条件が揃った時、そのような時、そのような処、そのような環境、そのような立場に立たされた時、「私は絶対にしない」と断言できる人がいるでしょうか。私はそうはいえません。もし自分がある立場に立たされたとしたら、とんでもない邪《よこしま》なことをやってしまうのではないかという危惧《きぐ》を抱いています。もちろん、その反対に、とてもすばらしい行為ができるかもしれない自分も自分自身の内に観ています。

要するに、人間は条件次第でどうなるかはわからない、そういった弱さや矛盾を抱えている存在なのです。したがって、大人の立場である自分がすばらしい人間であると見龍から見てもらいたくても、まずは客観的に自分のことをしっかり見なくてはいけません。そうすれば、どのような時に自分の邪が出てくるかがわかるようになります。

実は「邪を閑ぎて」の意味はここにあります。

自分の中の邪を知れば、その邪が出てこないようにする方法を考えなくてはなりません。見龍に真似されて困るような自分にならないように対策を講じる必要があるのです。

たとえば官僚の方だったら、職責が上に上がれば上がるほど、いくらでも袖《そで》の下を贈られるチャンスが出てきます。これはチャンスというよりも悪魔の仕掛けといったほうがいいかもしれません。そういう危険な状況にある自分を知っていれば、その人はその危険を回避するシステムをつくる必要があります。

百パーセント起きないようにするのは不可能でしょう。しかし、簡単に出来心が生じないような仕組みをつくるのは大人の役割です。それが「邪を閑ぐ」ということなのです。

そして自らの邪も閑ぐだけではなく、これから育つ見龍が真似しないように、組織としても全体的総合的に邪を閑ぐ仕組みづくりをしなくてはいけません。それを考えるのがリーダーの役割、経営者の役割です。

自分の中の邪を見つめるのはとても怖いことだし、嫌なことです。できれば自分にはそんなものがあってほしくないと誰でも思います。だから、目を反らしがちです。それでもあえて邪と向き合う原動力となるのは何かといえば、それは潜龍時代に打ち立てた確乎不抜の志です。その大きな志が「邪を閑ぐ」意志を失わせないのです。

そして「世に善《よ》くして伐《ほこ》らず」。これは「当たり前のことをしているのだ」ととっていただければいいと思います。リーダーであれば、そういう姿勢を持つのは当たり前である。当たり前のことが当たり前のこととしてできているのが大人というものであって、何も特別な存在ではありませんよ、と。

まさにこれは易経の全編を通じて教えていることです。正しいことをしたからといって誇ってはいけない。それは当たり前のことなのだというのです。

たとえば経営者が一所懸命努力して、すばらしい商品を世の中に出して、世の中から賛美されたとしても、それは当たり前のことでしょうと易経はいっているわけです。

何か正しいことをいったり、正しいことをした時に、正しくない人や、それができなかった人に対して誇ってはならない。なぜならば、それは自分の役割を果たしただけだからです。龍はもともと雲を呼んで雨を降らせるのが仕事です。見事に雨を降らすことができて当たり前であって、それは誇るべきことでもなんでもない。「世に善くして伐らず」とはそういうことです。世をどのように変えたとしても、それは誇るべきことではなく当たり前のこと。その当たり前のことが当たり前のこととしてできるのが、見龍の真似するべき大人であり、それがリーダーの資質なのだといっています。

これは決して完璧な人間になってくださいといっているわけではありません。むしろ、完璧な人間なんていない、といっているのです。人間は誰でも失敗しますし、誰でも間違います。そうした時に改めようとする姿勢があるかどうかを見龍は観ているということです。

元国鉄総裁の石田禮助《れいすけ》さんは、総裁就任の挨拶をするために国会に登院した時、こう言われました。

「私は粗にして野だが卑ではない」

粗かもしれない、野かもしれない、でも私は卑しくはないつもりだとおっしゃったのです。これが本来の大人の姿勢だと思います。大人とは、その個性や性格ではなく、姿勢が問われているのです。見龍に真似をされる大人にとって必要なのは脚下照顧《きゃっかしょうこ》です。自分がどのような立場にいるか、自分の足下を省みることがとても大切なのです。

第五章

創意工夫によって本物の技を磨く

――「君子終日乾乾」の時代

日中は積極果敢に進み、夜は恐れるが如く省みる

前章で見てきたように、見龍の時代は基と型を徹底して真似る時代でした。そこで完璧なコピーになると、いよいよ次の時代に入ります。今度は「君子終日乾乾」の時代です。

「乾為天」の九三を見てみましょう。

「(九三)、君子終日乾乾し、夕《ゆう》べに惕若《てきじょ》たり。厲《あや》うけれども咎《とが》なし。象《しょう》に曰く、終日乾乾すとは、道を反復するなり」

文言伝で読むと次のようになります。

「九三に曰く、君子終日乾乾し、夕べに惕若《てきじょ》たり、厲《あや》うけれども咎《とが》なしとは、何の謂《いい》ぞや。子曰く、君子は徳を進め業を修む。忠信は徳を進むるゆえんなり。辞《ことば》を修めそ

の誠を立つるは、業に居るゆえんなり。至るを知りてこれに至る、ともに幾《き》すべきなり。終わるを知りてこれを終わる、ともに義を存すべきなり。この故に上位に居りて驕《おご》らず、下位に在りて憂えず。故に乾乾す。その時によりて惕《おそ》る。危うしといえども咎《とが》なきなり」

この「君子終日乾乾」の時代は、基本から本物の技を創出する段階です。基本はもうすでに修めました。次は想像力、創意工夫、オリジナリティ、本物の個性などを開花させる時です。

「守・破・離」という言葉があります。これに当てはめるなら、「守」の段階が見龍です。そして「破」にいたってはじめて、大人からコピーしたものをくずします。それが「君子終日乾乾」の時代です。

ところで「君子終日乾乾」には「龍」という字が出てきません。実は、この「君子」が「龍」なのです。先にいったように、龍にたとえて君子のあり方が書かれているのが「乾為天」の章なのです。ですから、君子が龍です。ここには、見龍が次の段階にきたら何をなさねばならないのかが書かれています。

「終日乾乾」の「終日」は朝から晩まで一日中。「乾乾」の「乾」は陽の中の陽という意味です。乾は天の徳であり、龍そのものです。「乾乾」は陽が二つ重なっていますから、陽をいっそう強くします。乾の性質は「健やか」でした。したがって、前向きに積極果敢に勇気をもって進む。これが「乾乾」です。

つまり「終日乾乾」は「一日中努力しなさい。そして積極果敢に前に進んでいって、物事を推進していきなさい」という意味になります。

次に「夕《ゆう》べに惕若《てきじょ》たり」と書かれています。「夕べ」は夕暮れです。「惕若たり」の「若」は「若い」という字ですが、これは「如く」と同じ助動詞としての使い方をしているだけですから、あまり意味はありません。「惕」は何かといえば「恐れる、悩む」です。つまり「惕若たり」は、「恐れ悩むが如くしなさい」という意味になります。そうすれば「厲《あや》うけれども咎なし」。

そして「終日乾乾」とは反復の道だと書かれています。

これは何をいいたいのでしょうか。

結論からいえば、朝起きてから夜になるまでは積極果敢に前に進みなさいというのです。しかし、夜になったら「今日やったことは本当にあれでよかったのか」と恐れ震えるぐらい悩みなさいといっているのです

ただし、悩むといってもパニックになってはいけません。自分を客観視して、本当にあの処理のしかたでよかったのか、あの仕事のしかたでよかったのか、あの対応でよかったのか、と悩むがごとく省みなさいといっています。

そして、それを反復して、ずっと毎日継続しなさいというのです。

乾乾だからと強く強く、ただ積極的にいけばいいと考えていると蛮勇になってしまいます。ところが、恐れを知り、健全な警戒心を持ち、勇気を奮い起こしていくようにすれば、大胆かつ細心な行動になります。そういうふうにいきなさいよ、と教えているのです。

崩れた型を毎日元に戻す量稽古

日中は陽です。夜は陰です。ですから、日中は陽に陽を重ねて「乾乾」と努力して

積極的に前に進む。その時はマイナス発想はまったくいらない。プラス、プラス、プラスでガンガン行く。でも、夜になったら恐れるがごとく、本当にあれでよかったかと反省しなさい。しかも、完璧にうまくいって成果があがった時、「やったぞ！」と快哉《かいさい》を叫びたい時であればあるほど、本当によかったのかと恐れ振り返りなさいというのです。

それを繰り返し繰り返し反復継続していると何が起きるのか。当初はあれでよかったと思っていたけれど、見落としがあったと気づくのです。もしも別の条件が出てきたり、別の問題が起きたとしたら危ないところだったと気づく。それで命拾いすることが出てくるというのです。あるいは「もっと優れたサービスのしかたがあった」「新しいやり方があった」「もっといいアイデアがあった」「別の提供のしかたがあった」「新しいやり方があった」というように、新しいアイデアや発見につながっていく。

夕べになって恐れるがごとく省みるというのは問題意識を持つことです。そして、その問題意識が危機管理にもつながっていくのです。

そのために、日中に積極果敢に勝負していく。そして夜には、三十分でも一時間でも真剣に本気で恐れなさいと易経はいうのです。これを「乾惕《けんてき》」といいます。

見龍の時代は基と型をつくりました。でも、そこには動きがともなっていませんでした。

武道でいえば真似をして教えられたとおりの動きをします。基と型をつくる時は、すべてその通りにするというのが約束事なのです。したがって、そこには想定外のことは出てきません。いい換えれば、すべてが想定内の事柄なのです。それが見龍の時代なのです。ゴルフでいえば、まだグリーンに出ていない練習場の段階が見龍です。約束の下に型をつくり、基礎ができた段階です。

しかし、「君子終日乾乾」の時代になると動きが出てきます。約束どおりの動きではなく、突然問題が起きてきます。自分の頭で考える時代に入っているわけです。ですから、毎日毎日同じことを反復継続しなさいというのですが、そこには動きがともなっています。突然クレームがきたり、突然事件が起きたりするのです。それは些細なことかもしれませんが想定外の話です。

だからこそ、夜になって「あの対処法でよかったのか、本当にあのやり方でよかったのか」と考えなさいといいます。そこで「あっ、いけない、こういう問題があった」と気づいて新しく処理法を見つければ、次からは対処のしかたが変わってきます。

それは見方を変えれば、見龍の時代にしっかりコピーした型が崩れることです。動きにともなって型崩れが起きるのです。

型が崩れたら、元に戻さなければいけません。毎日のように型が崩れ、毎日のように崩れた型を元に戻す必要があります。崩れる、戻すの連続です。だから反復し、継続していく必要があります。毎日が量稽古なのです。

マンネリ化が招く凡ミスの恐ろしさ

毎日が量稽古なのだという覚悟のないまま「終日乾乾」の段階に入るとどうなるでしょうか。もう見龍の時代を経ていますから、ちょっと型が崩れてもすぐに修復ができます。そのうち、あまり意識しなくても、多少の対応はできるようになります。ここに落とし穴があります。つまり、何かあった時に「簡単にできる」というマンネリ化現象が起きはじめるのです。

そして、そういう時にミスを犯します。それらは、ほとんどが凡ミスです。凡ミスであるがゆえに、「大した間違いではないから次から気をつけよう」と簡単に済ませてしまいます。恐れ震えて省みないのです。得てして凡ミスは見すごされてしまうものなのです。

大きなミスをうっかりやってしまったとしたら、ビックリ仰天して大騒ぎします。肝を冷やして本当に恐れ震えます。だから、二度とそのような間違いを犯さないような仕組みづくりを真剣に考えます。そのため、大きな事故や大きなミスが起きると、ミスを繰り返さない仕組みが一発で定まるわけです。

ところが、些細な凡ミスは「今度から注意しよう」というだけで終わってしまいがちです。しかし、その安易な態度が問題なのです。ほんのちょっとしたミスが積み重なって「吉・凶・悔・吝《りん》」の「吝」になってしまいます。「まあこれぐらいはいいよ、今までもうまくいったし」と悔い改めるのをケチってしまうのです。

超優良企業とされていた菓子メーカーが不祥事を起こしました。別に人命にかかわる問題ではありませんでしたが、やったことは消費者の不信感を買うのに十分でした。あれも「吝」です。「なんとかなるさ」という安易な考えがだんだん積み重なって、ついには大問題になったわけです。

ある方が面白い指摘をしてくださいました。その方は「小石にはつまずいても、大きい岩にはつまずかないんですね」とおっしゃいました。そうなんです。人生も同じことなのです。小石（小さなミス）につまずくのです。でも大きな石は見えますから、つまずいたりしないのです。

不思議なことに小さなミスは何度でも繰り返します。また面白いことに、ほとんどの人が同じところで失敗します。だから、凡ミスほど注意が必要なのです。「君子終日乾乾し、夕べに惕若たり」ということを毎日毎日、量稽古として反復練習をしていれば、凡ミスでも必ず恐れおののくようになります。「これは大変なことにつながる」という危機意識が働きはじめます。そこで問題意識が芽生え、「なんとかしなくてはならない」と、システムの変更を考えはじめるのです。

凡ミスを決して見逃してはなりません。どんな小さなミスでも、すぐに原因の究明と修正をして、崩れた型を必ず元に戻す工夫をして対処することです。

さらにいえば失敗した時だけではなく、うまくいった時も省みることを習慣にして、常に再発防止の仕組みをつくるように心がける必要があります。そういうことを継続した時にはじめて、見龍の時代に学んだ基本の大切さを知ることができるのです。

部長の地位にいる龍

乾為天の「文言伝」に「君子は徳を進め業を修む」と書かれていました。この「業」は、ずばり「仕事」ととらえていただいて結構です。仕事をしておられない方の場合は、自分が日常にしなくてはならないと思われている事柄を考えてみてください。

「君子は徳を進め業を修む。忠信は徳を進むるゆえんなり」というのですが、「終日乾乾」「夕べに惕若《てきじょ》」を継続していくことが徳を進めることなのです。そして、それは「業を修む」ことだといっています。この「業」においてのみ、本当の実力が培われるという意味です。

別の説明をすると、仕事を通して実力が養われる。その中で型崩れを起こしたものを正したり、ぞっとしたことを正したりしていくと、必ず力がついていく。型が崩れることも次の進歩向上につながるのであれば、型崩れもいいことになってきます。要するに、失敗に学ぶという意味がそこに出てくるわけです。

ずっと反復継続をしていくと、ある一定の飽和状態に達した時に量質転換の法則が働きます。そして、基礎力は本物の技術力になります。そうなると、どのような問題が起きても対処できます。どのような問題にも対応できる応用技、変化技、ありとあらゆる方法が見つかります。そうなってはじめて、その人らしいオリジナリティ、創造力というものが、まるで自然のごとく出てくると易経には書かれています。

しかし、この「君子終日乾乾」の段階では、まだ命取りになるような問題は起きません。なぜならば、この段階ではまだ要職についていないからです。

龍の変遷の過程を会社における位に置き換えてみると、次のようになります。

〔龍の変遷過程〕

亢龍――上爻

飛龍――五爻

躍龍――四爻

君子終日乾乾——三爻
見龍——二爻
潜龍——初爻

〔会社における位〕
相談役——上爻（リタイアした方、相談役、顧問）
会長・代表取締役社長——五爻
取締役・重役——四爻
部長——三爻
課長・係長——二爻
平社員——初爻

「君子終日乾乾」の段階が会社の中ではどのような立場にあたるかと見ると、三爻の部長クラスになります。

初爻から三爻までは従業員層で、四爻から上爻までが

相談役	上爻	**亢龍**	上爻
会長・社長	五爻	**飛龍**	五爻
取締役・重役	四爻	**躍龍**	四爻
部長	三爻	**君子終日乾乾**	三爻
課長・係長	二爻	**見龍**	二爻
社員	初爻	**潜龍**	初爻

経営陣になりますから、三爻は従業員層の一番上です。まだ取締役にはなっていませんので、経営陣の中には入っていません。

そういう目でこの「君子終日乾乾」を見ると、この段階での役割は、経営陣の考え方、方針、経営理念といったものを的確につかみ、それを従業員層に伝えることにあります。従業員の末端に至るまで経営者の理念を伝え、それを実現させるような位置にいるわけです。

いい方を換えれば、経営陣と従業員層の中間的な立場で、双方の仲介をする役割があるわけです。だからこそ、将来とてつもない問題が起きるかもしれないという恐ろしさを感じることができるのです。そして、そういう大失敗をしないためにどうすればいいかを考える創意工夫の力もついてくるのです。

本業に徹し、プロの技を身につける

マネジメントという言葉があります。マネジメント能力はこの「君子終日乾乾し、夕べに惕若たり」の段階で身につきます。

マネジメントという言葉は、直訳すると「目的に向かって必死になって苦労して、なんとか工夫して実現させる」という意味になります。

この「君子終日乾乾」の時代にマネジメント能力を養っておかないと、後で苦労します。つまり、この時代に化けて出てくるものがマネジメント能力なのです。アマチュアからプロになる変わり目、素人から専門家になる変わり目が、乾惕《けんてき》の時代です。

この時代は、日々の量稽古を積み重ねることでやがて量質転換が起こり、そこにはじめて独創性が生まれるのですが、それはあくまでも「業に居る」中で出てくるものです。「徳を進め業を修む。忠信は徳を進むるゆえんなり。辞《ことば》を修めその誠を立つるは、業に居るゆえんなり」とありますが、この「業に居る」とは「本業」という意味です。自分の本職、本業において、その能力を養う、その能力を創出することです。

だから、必死になって苦労して工夫を凝らすマネジメント能力も、すべて仕事を通して身についてくるのです。

また、「忠信」という字に注目してください。これは「高揚感をもって仕事に取り組む」という意味になりますが、これがマンネリ化を防止するのです。マンネリ化は起きやすいものであるからこそ、潜龍の時代に打ち立てた確乎不抜の志を研磨していくのだという高揚感をもって自分で乾を育てなければいけないといっているのです。

龍の役割は恵みの雨を降らせて社会に貢献することでした。その貢献の意味が、「業に居る」という言葉の中に含まれています。それは本業を通して社会に役立つものを提供するということです。感心できない商品を提供して、たまたまそれによって業績が伸びたから、利益の一部を社会に還元して貢献しようというのではないのです。「業に居る」という本来の意味は、自分の本業を通して社会に役立つものを提供する、それによって、従業員も、従業員の家族も、得意先も、消費者も、地域経済も活性化して、めぐりめぐって社会に貢献するということです。その出発点が本業にある、それを忘れてはいけない、という意味も込められています。

もちろん、余裕ができた時には本業だけではなく、さまざまな形で社会に還元するのはすばらしいことだとも易経はいっています。

言葉をいかに使いこなすか

次に「辞《ことば》を修め」とあります。「表現」という意味の「修辞」という言葉がありますが、その出典となっているのがこの「辞を修め」です。本来の意味は「簡潔明瞭で力強い言葉、生きた言葉、伝わる言葉」。決して饒舌《じょうぜつ》な飾り立てられた言葉ではありません。その時にぴったり効果的で、適切で、わかりやすく、説得力のある言葉です。それを使うことができるか、ということです。

この段階のマネージメントは、先に見たように経営陣と現場従業員のちょうど中間にあたるものです。経営陣の意図を汲《く》んで、それを従業員が現場で化けさせるためにリードする役割にあたります。その意図を汲んで伝える言葉を持っているか、伝わる言葉を持っているか、そして力強くて明瞭で削りに削られた、力のある言葉になっているかどうかが問われるのです。

この中には「広報力」という意味もあります。外部に対して、マスコミに対して、地域・社会に対しての広報の大切さも含まれています。「まじめに一所懸命取り組んでいるから、いつかはわかってくれるだろう」という発想ではいけません。「辞を修める」とは、いかに伝える技術があるかということです。これにも工夫が必要です。また、聞き出す技術を高める必要性をも教えています。

会社にはそれぞれにファンの方たちが必ずいると思います。このファンを大切にしなくてはならないのは確かなのですが、ファンの方たちは会社にとって罠《わな》になりうるという側面もしっかりおさえておく必要があります。ファンの方たちの存在は励みになります。ただし、それに甘えると、とても危険な要素になってしまうのです。なぜならば、ファンとなったお客様はどんなに嫌なことでもある程度までは許してくださるからです。

私たちには、どんなに努力して一所懸命気づこうとしても、教えてもらわない限りわからないこともあります。何か問題が起きた時に、はじめて発見することもあります。ところが、ファンになったお客様はそれに気づいていても許してくださったり、言葉に出して忠告してくださらないことのほうが多いのです。

ファンでないお客様は、黙って離れていく人もいますが、中には教えてくださる人たちもいます。こういう苦情をいってくださる方たちがものすごく大切な存在なのだということにリーダーは気づかなくてはいけません。

　ファンは教えてくれない。だから売り手も気づかない。これが堂々めぐりになって不満要素が限界点にまで達すると、ある日突然、ファンではなくなってしまうのです。ですから、ファンがいるからといってもファンは確かな存在ではないと覚えておかなくてはいけません。そして、ファンの本音をいかに引き出すかという工夫を絶えずしなくてはいけないのです。

　いかに伝えるか、いかに聞き出すかということのほかにも「辞を修める」という中には「秘密を守る」とか「寡黙さ」という意味もあります。いつも喋《しゃべ》ってばかりいるのではなく、時には寡黙さも万言に勝《まさ》る言葉になります。それを知る必要があります。

　このように「業を修める」ことと「言葉を修める」ことはリーダーの素養のひとつになります。政治家の演説は自分の価値観や理念や政策の目的を大衆に易しく簡潔に伝えるものでなくてはいけませんし、これは経営者も、マネージャーも同じです。それぞれの立場で、この段階でいう「辞を修める」ことです。

兆しを観て、すべてを知る

「至るを知りてこれに至る、ともに幾《き》すべきなり。終わるを知りてこれを終わる、ともに義を存すべきなり」

この「至」という字は、もともとが象形文字で、上が「矢」で、下が「大地、地面」です。これは矢で射て、その矢が目標の地点に届く様子を描いたものです。そのため、「至る」には「届く、行き着く」という意味があります。

「至」という字がついた字にはすべて「遠くまで確実に届く」という意味があります。たとえば「致」というのは、旁《つくり》に「足で歩く」という意味があります。つまり「足で歩いてその目的地に確実に届く」というのが「致」です。

立刀をつける「到」もあります。刂（りっとう）は刀の意味ですから、反り返った刀の刃のように大きく曲がってあるところに届くという意味が「到」です。「到」に人をつけると「倒」になりますが、これには体が弓なりになって頭が地につくという意味があります。

また「屋」という字は「至」の上に塞《ふさ》がって覆いかくして屋根という意味になりますし、「室」は建物の一番奥にある行き止まりの部屋という意味になってきます。

いずれにしても、「至」は確実にその目標地点に着くという意味です。

そこで「至るを知りてこれに至る」ですが、これはすごい言葉です。ちょっと想像してください。ふつう「東京から大阪に至る」といえば、その至る過程は容易に想像できますね。新幹線で行くとか、飛行機に乗るとか。いずれにしても、「至る」とはこういうことだなとはっきりわかります。

しかし、「至るを知りてこれに至る」は違います。これは、チラチラとしか出てこない兆しを観て、何に至るかを知ることです。至るを知った後、これに至るのですから、それがもし凶事であれば禍にならないように至らせることができるわけです。もしそれがいいことならば、その至るを知って見事な至るに至らせることができるのです。これが「至るを知りてこれに至る」の意味です。

「ともに幾《き》すべきなり」の「幾」は「時」という意味でもあり「兆し」という意味でもあります。つまり、この段階で、ある程度兆しを読み取る能力が必要だといっているわけです。兆しを読み取る能力といっても超能力ではありません。易経は霊能力だとか超能力のことは何もいっていません。霊妙不可思議のようであるが、よく観れば観える、感応すれば響《ひびき》が聴こえる、といっています。それが兆しというものであると。

ある苦情に関して、もし乾惕を繰り返し、反復継続していたとしたら、この苦情が何を意味しているのか、なぜこのような事態が起きたのかと考えて、その後に起きるであろうことを推測できます。それは氷のかけらが海面上に出ているのを見て、全体像が把握できるのと同じです。これを見逃したとしたら、その結果すぐに凶事が起きるかどうかはわかりませんが、積もり積もって飽和状態に達した時、不祥事として露呈されるのです。

そのきっかけが一片の氷を見逃したところにあるとしたら、その結果として起きた禍は天災ではなく人災です。

兆しを観る目があると、その一片の氷を見て「たいへんだ!」と恐れ震えるわけです。このまま放っておくと、とんでもない不祥事になるかもしれないと察知するのです。そこで後悔して、それまでのやり方を改めたとしたら、そのクレームは吉兆になります。

そういう観る目があれば「至るを知りてこれに至る」ことができるというのです。
もうひとつここで教えていることは、「君子終日乾乾し、夕べに惕若《てきじょ》たり」を反復継続していけば、一瞬にして事の本質がわかる、それがプロのレベルであるということをいっています。

拈華微笑《ねんげみしょう》という言葉があります。お釈迦様が多くの弟子たちの前で「悟りとはどんなものですか」と質問された時、一輪の花を持ってこさせました。そしてその花を指でつまみ（拈華）、「悟りとはこのようなものなんだよ」と示しました。それを見た多くのベテランの弟子たちは誰一人わからなかったのですが、若い弟子で迦葉《かしょう》という青年だけがフッと微笑んだのです。それを見て「あの者だけがわかった」と釈迦は迦葉を後継者にしました。

「至るを知りてこれに至る」とは、「拈華微笑」とほとんど同じ意味で、兆しの示しているものを一瞬で観てとれるようになるということです。物事が起きた時、瞬間的に「あっ、これは」と腑に落ちて納得できることです。要するに、マネジメント能力もそんなものだというのです。

それがプロのレベルだと易経はいいます。そして、その専門家の目にまで高めていくのが「君子終日乾乾」の時代であるのだと。しかし、これはあくまでも自分の分野での話です。自分の本業ではないところにまで、そういう目が求められているわけではありません。自分の本業たる分野で徹底したプロフェッショナルを目指しなさい、それが「君子終日乾乾」の時代にはできるのだといっているのです。そうすれば「至るを知りてこれに至る」まで行くことができるというわけです。

名人とか達人といわれる人たちは、自分の本業については「至るを知りてこれに至る」のレベルにまで必ず達しています。それはとても個人的な能力です。残念ながら会社の財産になるようなものではなく、その人個人が体得した技です。その人でないと摑《つか》めないものです。本人の独自の意識になっています。

そのレベルまで観る目が達するには、「君子終日乾乾」を徹底して継続するほかありません。

危機管理能力の基本は、この段階ですべてマスターされます。そのような目で見れば、クレームは天国からのラブレター、神様からの贈り物といっていいありがたい事柄です。それらを本当にありがたいと感謝できる気持ち、これが本物のプラス思考です。
何か失敗があれば、隠すのでなく、その失敗から徹底して学ぶ。それが「惕若《てきじょ》たり」の意味です。それが財産になるのです。

問題の発生より、対処できないことを恐れよ

「ともに幾《き》すべきなり。終わるを知りてこれを終わる」ですが、この「終わるを知りてこれを終わる」とは「終わり方までわかる」という意味です。これはすごいことです。兆しがあり腑に落ちたら、どのように終えればいいかを知って、見事そのように終わらせることができるというのです。

次に「ともに義を存すべきなり」とあります。「義」は義理、そして正義の「義」でもあります。「義」は上が羊、下が我（ギザギザのほこ）という字です、これからいけにえである羊に欠陥がなく、神意にかなうものとして「義《ただ》しい」という意味が生まれました。

昔から、特に儒教の世界では「義」と「利」は対立するものだといわれてきました。

しかし易経では義と利を分けて考えていません。どのように考えているのかというと、秋の刈り入れを思い出してください。秋の刈り入れは正義の「義」であり、利益の「利」なのです。それはこういうことです。

春に耕して、初夏から夏にかけてありとあらゆるものが勢いよく伸びます。伸びすぎて困ったり、徒長したものは途中で間引きながら育てます。そして秋になったら、伐採します。この伐採するという意味が「義」です。

無駄なものは省かれ、稲は米に化けました。そして最後に蔵に入れられるものが利益の「利」となります。蔵に納めるものは米だけです。そこにいたるまでに、あらゆる無駄なもの（結果的に無駄なもの）を切り捨て（義）、最後に利を得るのです。したがって、秋の刈り入れには「義」と「利」の両方の意味があります。秋の刈り入れによって手中にする利益ですから、利という字は禾に刀と書くのです。「終わるを知りてこれを終わる」ためには、無駄なものを徹底的にそぎ落とす覚悟と厳しさ（義）が必要です。その過程にはとても辛《つら》いことも出てきますが、それによって最後に収穫を手にするのです。したがって、ここには収穫（利）と裁き（義）という両方の意味が含まれています。

次の「この故に上位に居りて驕らず、下位に在りて憂えず」は、このまま素直に受け止めていただければいいと思います。どんなに地位が高いところにいても驕ることはなく、逆に地位が低かったとしても憂えることはないということです。

そして「故に乾乾す。その時によりて惕《おそ》る。危うしといえども咎なきなり」となっています。「その時によりて惕る」の「時」とは「時中」のことです。「その時にぴったりの」という意味です。そして「惕る」べきことは、問題が起きることではなく、この乾惕の時にあたって対処できないことを指します。

問題は次から次に起きても別に構わないのです。「君子終日乾乾」の時代に起きてくる問題は、決して根幹を揺るがすような問題ではありません。むしろ型崩れを起こした型を元に戻し、それを通して問題処理能力をしっかりと養うために起こる問題なのです。ですから、問題が起きても恐れることはないといっているのです。

問題が起こることよりも、それに対処できないとしたら、それを恐れなさい。この「君子終日乾乾」の時代は対処能力を培うべき時なのですよ、と教えています。

第六章

洞察力を養い、飛躍の時をうかがう

――躍龍の時代

「時」を観る力を養う

「君子終日乾乾」でプロとしての力を身につけた龍は、次の段階へと進みます。会社でいうといよいよ経営陣の仲間入り、平取締役という役職に就くことになります。この段階の龍のことを躍龍といいます。躍龍は大空を悠々と駆けめぐる飛龍のほんの一瞬手前にあります。

さっそく、「乾為天」でその場面を見てみましょう。

「(九四)、あるいは躍《おど》りて淵に在り。咎なし。象に曰く、あるいは躍りて淵に在りとは、進むも咎なきなり」

文言伝にはこうあります。

「九四に曰く、あるいは躍りて淵に在り、咎なしとは、何の謂ぞや。子曰く、上下すること常なきも、邪をなすにはあらざるなり。進退すること恒なきも、群を離るるにあらざるなり。君子徳を進め業を修むるは、時に及ばんと欲するなり。故に咎なきなり」

「あるいは躍りて淵に在り（或躍在淵）」の「あるいは」は漢字では「或」と書きます。古典にこの字が出てきたら「疑う」「確定していない」という意味になります。また、この「或」は「躍」と「淵」の両方にかかります。つまり、「あるいは躍り、あるいは淵にあり」となります。この躍龍の時代は、ある時は躍龍であり、ある時は淵にいる龍でもあるということです。

最初に結論からいってしまえば、「躍る」は飛龍の真似事です。飛龍とは悠々と大空を駆けめぐる龍です。それに対して「躍る」とは「一瞬空中にいる」意味になります。「あるいは躍りて淵に在り」とは、一瞬だけ空中にいて飛龍の真似をして、またもとの淵に沈むことなのです。

一方、「淵に在り」の「淵」は潜龍のいた淵です。したがって、ここは「あるいは飛龍の如く、あるいは潜龍の如く」ともいえます。

その時の龍の精神構造はどのようであるべきか、そして、飛龍になるにはどのように力をつけていくのかが躍龍の時代のテーマになります。それを深く読んでいきたいと思います。

潜龍の時代は確乎不抜の志を打ち立てる時でした。見龍の時代は「観る」につながる「見る」力をつけて、基と型をつくる時でした。「君子終日乾乾」の時代は、基と型を技化して、本物の創造力、オリジナリティを創り出す時でした。

そして、その次の躍龍の段階では、先にも少しやった「時」と「兆し」を見きわめる「観る力」を養う時なのです。「観る力」とは洞察力をもって、心で観ることです。では、何を観るのかといえば、「機を観る」のです。

この「機」という字は「機会」という熟語になると、英語ではチャンスです。先に「幾」も出てきましたが、「機」は「幾」にも通じます。そしてもうひとつの「期」にも通じます。

先に飛龍の真似事といいました。真似事というとなんとなく本番とは程遠いように思いますが、これは本番さながらの試行、シミュレーションです。

前章に説明した「君子終日乾乾」の「乾惕《けんてき》」のところまでで、龍は現場においてその時々に必要な力はすべて身につけました。その次に必要なのは、「今がその時なのか」という「時」を観る力です。それを明らかに観て実践し、進むことによって、いつでも飛龍になれるのです。ただその飛龍になる「時」が本当に満ちているのかどうか、「機・幾・期」が満ちているのかどうか、そこを見きわめるのが躍龍の段階なのです。

別の表現をすれば、躍龍は完成直前の状態にあります。ある一定の量が積み重なって、その一定の量を超えた瞬間に量質転換の法則によって飛龍になります。躍龍は「今がその時か」と、じっと時を観ている状態です。

「君子徳を進め業を修むるは、時に及ばんと欲するなり」の「時に及ぶ」のは飛龍の時に中《あた》ることです。それを欲して徳を進め、業を修めるのです。

この「君子徳を進め業を修むる」と同じ言葉が「君子終日乾乾」にありました。それと同じことをここでもまたしなさいというのです。なぜ躍龍の段階で「徳を進め業を修むる」必要があるのでしょうか。それはいつ飛龍になってもいいように、その時がいつ満ちてもいいように、準備を怠りなくしていなさいということなのです。

この飛龍の一歩手前にある時に気をつけなければならないことがあります。それは、「今はシミュレーションだから」と考えないことです。シミュレーションはシミュレーションなのですが、もう「君子終日乾乾」の時の量稽古の段階ではないのです。つまり、失敗しても許されるという段階ではない。時が満ちれば必ず仕留めなくてはならない、必ず完成させなくてはならない。そのためのシミュレーションですから、本番さながらの真剣さがともないます。

「君子終日乾乾」の時代であれば、問題はいくら起きてもよかったのです。量稽古の時ですから、失敗してもそこから学べば許されました。

しかし、この躍龍の段階では、飛龍ではない点だけが違っていて、躍ったとしたら失敗してはならないのです。ちょうど仕上げの段階です。しかもイメージどおりに、現実とズレを起こさないようにできなくてはなりません。ですから、間違ってはいけないという非常な緊張感も強いられます。そして自分の力量以上に仕上げなくてはならない時でもあります。

志のメンテナンスをする

躍龍は大胆に躍るのですが、空中に一瞬躍って飛龍の真似事をしてみて淵に沈みます。それはなぜでしょうか。これから時が満ちさえすれば、自分は飛龍になるのです。飛龍になれば、雨を降らせるだけなのです。大きくこの社会を循環させる仕事が待っています。

躍龍はその寸前にいます。そこで「あるいは躍りて淵に在り」なのです。あるいは躍り、あるいは再び潜龍の淵に戻って、潜龍の時代に打ち立てた志と今にも飛龍にならんとする自分の志が違っていないかを確認しているのです。潜龍の時代にしっかり打ち立てた高い志がしぼんでいないか、変容していないかを確かめているのです。

つまり、躍龍の時代とは志をもう一度振り返り、そして志のメンテナンスをする時なのです。飛龍の真似事ではあるけれども本番さながらに緊張感をもって躍りながらも、一方では「これでいいのか、志は曲がっていないだろうか、今の自分の志は大丈夫だろうか」としっかりメンテナンスしなさい、といっているのです。

躍龍はまだそれだけの力がないのに飛龍さながらに躍るわけですから、とても大胆な躍動です。その原動力はどこにあるかといえば、淵にあった潜龍の時代の志、そして見龍の時代に積み重ねた基本の力、さらに乾惕の時代に創出した創意工夫と技にあるのです。その積み重ねが原動力になって、大胆な躍龍というシミュレーションがはじまります。

激しく動きながら「機・幾・期」を観る

「子曰く、上下すること常なきも、邪をなすにはあらざるなり。進退すること恒なきも、群を離るるにあらざるなり」とあります。「常」と「恒」の二つの「つね」が出てきます。この常と恒の違いは何かというと、「常」は地位や立場に変化がないことをいい、「恒」は月の満ち欠けや日のめぐりの変わらない動きを意味します。

太陽は東から昇って西に沈みます。これは変わりません。春の次に夏が来て、夏の次に秋が来て、秋の次に冬が来て、また新しい春が来ます。これも変わりません。月が新月から満月になり、満月は新月に近づきます。これも変わりません、それが「恒」です。

「上下すること常なきも」が「邪をなすにはあらざるなり」とはどういう意味でしょうか。

躍龍は下から四番目の位置にありながら「あるいは躍りて」五番目の飛龍の動きを真似するわけです。一瞬飛龍のような動きをして上に昇り、そして「あるいは淵にある」わけですから、今度は初爻の潜龍のような深いところまでもう一度行く。四爻の立場でありながら、初爻の場所と五爻の場所を上下しているわけです。

その様子を外から見ていると、「或」という字が使われているように、どのような動きをしているのかわからない人も出てきます。でも、それは決して邪をなすためのものではなく、飛龍になる「機・幾・期」を観ているのであって問題はありませんよ、といっているのです。

「進退すること恒なきも、群を離るるにあらざるなり」とは、躍龍は進んだり退いたりしている状態をいいます。飛龍のように進んだり、潜龍のように退いたり、という動きがあります。たとえば会社を例にいうと、この動きは経営陣の群れを離れるわけではないし、また従業員層と離れているわけではない。とにかく全体的なことを考えながら躍動しているのですよ、という意味になります。

つまり、「機・幾・期」を観るための時期だといいたいのです。今がその時なのかを観て、その時が来たらいつでも行動できる自分のスタンスを持っていなくてはならないという意味でもあります。

潜龍であれば淵にいて、じっとしているわけですから、動きがありません。

見龍は見る力を蓄える、基本をつくる時ですから、これも動きがありません。

「君子終日乾乾」も、繰り返し反復するという動きがあるけれども、それは基本からプロになるための技を創出するためのもので、動きはないといっていいのです。

躍龍の次の段階にある飛龍は大空を駆けめぐる動きはありますが、空中を飛翔していますので、一瞬躍ったり一瞬沈んだりという上下にわたる動きではありません。

ところが躍龍はいつでも動けるように準備していなくてはならないのです。そのために、上へ行ったり下へ行ったりして時を待っているのです。構えのない構え、不安定の安定です。

別のいい方をするならば、運動会の徒競走ではピストルが鳴った瞬間に前に駆け出しますが、その時に座り込んでいたら、パーンと鳴っても出遅れます。それは「時に遅れる」ということです。かといって、今にも鳴るぞと思ってピストルが鳴る前に勝手に飛び出しても駄目なのです。それは時に中《あた》っていないからです。「時」を観る能力に欠けているわけです。

チャンスはいつ訪れるかわかりません。でも、もういつ来てもおかしくない。躍龍はそういった「時」なのです。これはそんなに長く続くわけではありません。もうベースは備わっているからです。後は「時」に合わせるだけなのです。

この時は勝負の時でもあります。すべてが不安定に見えます。自分も動きがあるように、周辺にも激しい動きがあります。その中で、いつ進むかという間合いの取り方が重要な問題になります。

飛龍になる寸前、その一歩手前の状況の時は、自分が決めて動くわけではありません。どんなに焦っても動けないし、逆に、少しゆっくりしようと思っても勝手に物事が動いていきます。大きな流れが起きているのです。時の勢いといいますが、待ちに待った時がヒタヒタと迫ってくるのが感じられる状態です。

「機を観る、幾を観る、期を観る」といいましたが、「幾」には「時」や、「数《かず・すう》」、そして「ねがう」という意味もあります。「幾」という字は「糸」が二つと「戈《ほこ》」と「人」とでできています。そこに「戈」と「人」を足しますが、人の首に戈の刃がもう少しで届きそうです。その間には糸ほどのわずかな隙間《すきま》しかありません。そこから「もう少し」「近い」という意味や、「兆し」「機微」という意味が出てきます。

これに木偏がついて「機」となると、「ごくわずか」という意味のほかに「仕掛けの鍵」「秘密」「大切な物事」という意味があります。

この「機」はもともと織機《しょつき》の間に挟まって、その仕掛けを動かす小さな木の軸のことです。そこから精巧な仕掛けや仕組みのある物事のツボとか勘所という意味が出てきます。つまり、飛龍になる寸前にこの機を観ることができたら、物事すべてに通達できることになるわけです。

そしてもうひとつの「期」は「約束された時」という意味を持っています。この「期」については、後で詳しく説明することにします。

躍龍、そして淵にある龍の時代というのは、この「機・幾・期」を観る時なのです。

気配を察知する力

前段階で自らを客観視する話をしましたが、その客観視は大局観につながっていきます。そして物事の全体像を洞察する力につながっています。

では、どのように観るか。たとえ話で説明します。中国の武道に八方目《はっぽうもく》というものがあります。八方に目があるように見えるということです。

私たちは何かひとつのことに気を奪われていると、周囲の事件や、微妙な変化に気づきません。逆に気配を察知する時は、全体をぼーっと見ます。一点に集中すると他に意識が及ばないからです。

観る力といっていますが、その時が近づいているのを察知するには、特定の何かにとらわれていないことです。また、自分のスタンスがひとつのところに安定していたら観ることができません。そのために躍龍には動きがあるのです。危ういバランスに身を投じるのが良いのです。

経営者でいえば、目の前に起きていることだけではなく、その舞台裏も察知できなくてはなりません。普段と違う物事が起きている時には、必ずどこかで動きがあります。不自然な動きがあれば、「なんか変だな」と気づく力を我々は持っています。座禅でいえば「半眼《はんがん》」の状態です。

神経質になる必要はありません。むしろ、ぼんやりと全体に目配りすることにより日常とは違ったかすかな動きに、「あれ?」と感じます。この気づきが、易経の「機を観る、幾を観る、期を観る」につながっていきます。

また、理屈で見ようとすると、見えていても観えません。とにかくぼんやりと、日常と違った不自然な動きはないかを観る。そして、不自然な動きに対して「あれ?」と体感したことは否定しないでください。それは何かの信号です。何を知らせようとしているのかと発想する癖づけをしてください。

自然の流れで行われていることは問題ありません。変化が起きる時には、必ず兆しがあります。そしてその兆しは些細なところにかすかな気配として起きてきます。それは昨日とは違う何かです。いつもとは違う何かです。それに対して「あれ?」と感応するだけでいいのです。やがてそれがいくつか積み重なって、ある方向性を持ってきます。どのような動きをしているかを興味深く、注意深く観る癖をつけてください。

そうすれば必ずひとつの方向性が観えてきます。

躍龍はゆらいでいる

躍龍と淵にいる龍の動きは「ゆらぎ」でもあります。物事がしっかり見えると思っている時は観えません。観るためには、微妙な動きに対して敏感になって、そしてそれを否定しないことが大切です。

機が熟してくる時は、よく観ればヒタヒタと足音が聞こえます。そして、さまざまな形で信号が送られてきます。

速く敏感に察知する人もいますし、全然わからない人もいますが、その鈍い人でさえわかるのが飛龍になる時です。というのは、予想外の不思議なことが次々と起きてくるからです。次から次へ、一定の方向性を持った出来事が起こります。まったく違った場面で関連性がないと思われるようなことが起きても、それらはやがて一定の方向性を持ってきます。

それはたとえていえばジグソーパズルのピースのようなものです。いくら探しても見つからなかったピースが、勝手に飛び込んでくるのです。そして、その空いている場所にピタリとはまるのです。そんなようなことが続けざまに起きてきます。

一定の方向性を持った流れが、急速に起きてきて、動かざるをえなくなります。これが飛龍になる寸前の状態です。「今が時だよ」と手をかえ品をかえ、兆しが告げ、知らせてきます。どんな鈍い人でも、そこまでくると敏感にならざるをえません。これは何か意味があるな、と必ず気づきます。

飛龍になった時に大きな仕事ができるか、ほどほどの仕事になるかの差は、「間合いを観てとれるかどうか」にかかっています。引きずられるようにして、わけがわからないうちに飛んでしまった鈍い人と、ヒタヒタと気配が近づいてきたのを観てとれる人では違いがあります。観ることができた人は、「次はこれだな」と、かなり前もって起きることの見当がつくのです。すると、自らの主導で間合いがとれるわけです。受ける側にかなりの余裕がありますので、起きてくる内容の意味がよく観てとれます。

たとえば、よく似たいくつかの案件から何かを選ばなくてはならない場合があります。選択肢が多くて、その全部と組んでもいい場合もあれば、ひとつしか選べない場合もあります。

そういう時に鈍い人の動きはどうかというと、何か起こるたびに毎回欣喜雀躍《きんきじゃくやく》して取り組みますが、トラブルが起きて、そこではじめて「この選択は違っていた」と気づきます。

勘のいい人は、起こる事柄を一応受け止めますが、すぐに決定は下しません。間合いをもって、ピッタリ合うかどうかを観ています。そのためトラブルもなく上手に交通整理ができて、最適なものを選択することができるようになります。間合いを計って間隔をとり、選択の主導権を自分の側に持つことができます。間合いをしっかり観ることができない人の場合は、多少がたつきながら次の段階に進んでいきます。

そうした違いはありますが、いずれにしても、時が満ちてくるとジグソーパズルのピースが飛び込んできます。それはまるで何か大きな存在が時を動かしているかのごとく見えます。

易経はいっています。「それは時の力である」と。時が満ちてくるから、時中になれば奇跡が起きる。時中になれば物事が実現するわけです。それは約束された期日、約束された時に実現するわけです。不思議なことでもなんでもありません。「至るを知りてこれに至る」と書かれているのですから超能力などではありません。

ちょうどこれは機を観て、機を手に入れたようなものです。その機械の仕組み、仕掛けがすべての鍵を握っているのですから、そのとおりに動いていくことになります。

易経が教える飛龍になる時――「風沢中孚」と「水沢節」

【中孚は通る】

躍龍の時代は「機・幾・期」を観る時であるといいました。機と幾についてはすでに説明しましたが、ここで「期」の意味についてお話ししたいと思います。

「期」は「時」という意味もありますが、この時は「約束された日」なのです。期日がきたら手形が落ちますすね。

「中孚《ちゅうふ》」という言葉があります。心にまごころ、誠実さが満ちあふれていることです。「孚」は「まこと」と読みます。「中」は中庸の中で「ピッタリの」とか「心の中」という意味です。

「孚」という字は「爪」の下に「子」と書きます。爪は鳥の爪で、子は鳥の卵です。つまり、卵が孵化《ふか》する時を表しているのです。

鳥が卵を孵化させるのに母鳥はどのようにするかというと、羽の中に卵を抱いて、卵に適した温度、湿度、空気を調整し、さらに爪を使ってゴロゴロと静かに動かします。鳥の種類によって違いますが、孵化するまでにだいたい十四、五日から数十日かかります。同じ種類の鳥であれば、孵化するまでに要する時間はあらかじめ決まっています。たとえば、ある鳥の種類が十四日目に孵化するというのであれば、必ず十四日目に孵化しますし、十五日目に孵化する種類の鳥は必ず十五日目に孵化します。誰に教えられたわけでもないのに、ピッタリその期日に卵から雛《ひな》に孵《かえ》ります。

鳥の爪は尖《とが》っています。殻が割れないように母鳥は卵をゴロゴロゴロゴロと静かに動かします。それを孵化するまで続けます。この作業を「中孚」というのです。

この中孚を続ければ必ず約束された時が来る、と易経はいっています。その時のことを「期」といいます。必ず実現すると約束されている日です。

易経には「中孚は通る」と書かれています。これは「至誠天に通ず」を意味するものと教えています。

【水沢節】

「水沢節《すいたくせつ》䷻」という卦《か》も時について教えています。「節」は節度の節でもあり、節約、節制、節分の節でもあります。この字は竹の節目からきています。

節というのは「程のよさ」とか「分を守る」というふうにもとられますが、なぜそれが程のよさになるのでしょうか。竹を見てください。竹の節目のところは塞がっています。節目と節目の間の節は空洞になっています。それに学びなさいといっているのです。

何を学ぶのかというと、止まるところでは無理して行こうとしてはならない。つまり、節目のところでは止まりなさい、というのです。節目と節目の間は空洞になっていて通じているから進みなさい、と教えているのです。

「水沢節」で教えていることは「通塞《つうそく》」です。通る時、塞がっている時、それを知りなさいと教えているのです。そして、通る時には前に進みなさい。通る時なのに「まだそんな時ではない」と自分勝手に判断して止まるのはいけないというのです。そして塞がっている時には、無理に通ろうとせずに止まっていればいい、と。

それが「通塞を知る」ことです。いつまでも通じているわけではないし、いつまでも塞がっているわけでもない。物事は節があって節目があります。通っては節目にあたり、また通っては節目にあたります。それで、しなやかな動きができていくのです。通る時とは「亨《とお》る時」です。

ですから、亨る時は果敢に進み、節にありては止まりてそれを悠然と楽しむ。それを自然体でできることが程の良さであるというのです。

ということは、もし今がこの時ですよというその時を見たら、直ちに進まなくてはいけないのです。いやいやまだ準備ができていません、というのは許されません。ですから、躍龍はいつも揺らいでいるのです。いつピストルが鳴って「走れ」という合図が来てもいいように準備をしていなくてはならない。それがこの躍龍の時なのです。

大事業を成功させる原点にある「礼」――「天沢履」と「雷天大壮」

【天沢履】

「天沢履《てんたくり》☰☱」という卦があります。これは「虎の尾を履《ふ》む」という有名な言葉の出典になっています。

躍龍が「飛龍になっていくことはわかったけれども、自分にはまだ荷が重い、そんな力はまだついていない」と思っていても、行動に移らなくてはならない時もあります。その場合でも「虎の尾を履むも人を咥《くら》わず」であると易経は書いています。

易経の「天沢履」を知らない方は、虎の尾を踏むというと「虎の尾を踏んでしまったから虎に咬《か》み殺される」ととってしまうのですが、もともとはそういう意味ではありません。「虎の尾を踏むような危険を冒しても、虎に食われずに最後まで仕上げることができる」という意味なのです。

ただし、「ある場合には虎に食われて大失敗することがある」と注意すべき点もこの「天沢履」には書かれています。

「履」とは草履《ぞうり》の履です。これは「踏む・履む」という意味があります。何を踏むのかというと、実は「礼を履む」のです。虎の尾を踏むような危険を冒しても食われずに成功させることができるのは、自分がやっていることが本当に危険な大冒険で、自分にはそれだけの力がないことを客観的にわきまえているからです。それが出発点になっているのです。

自分の力不足を知っていれば、謙虚に物事を学ぼうとする姿勢ができます。また、力のある人に頭を下げて教えを請うこともできます。それが「礼を履む」ということです。

力がないのに要職を任された人がたいへんな責任をなんとかこなしていけるのは、力がある人、知恵のある人に礼を履み、畏《おそ》れ謹んで謙虚に教えを請うからです。その人たちが教えてくれて、まわりが協力してくれて、力不足の自分を補ってくれて、みんなで橋渡しをしてくれるから成功させることができる。それを教えているのが「天沢履」です。

礼を履みながら謙虚に慎重に前に進んでいく。だから虎の尾を踏んでも食われずに通ることができる。そうやって躍龍は飛龍になれるのです。

しかし、「ある場合には虎に食われて大失敗してしまうことがある」といいました。「天沢履」の三爻にそれが示されています。

「眇《すがめ》にしてよく視《み》るとし、跛《あしなえ》にしてよく履むとす。虎の尾を履めば人を咥《くら》う。凶なり。武人大君となる。象に曰く、眇にしてよく視るとすとは、もって明ありとするに足らざるなり。跛にしてよく履むとすとは、もって行をともにするに足らざるなり。人を咥うの凶は、位当らざればなり。武人大君となるとは、志のみ剛なるなり」

こんな人が虎に食われて大失敗しますよというのです。ここに書かれているのは「武人がリーダーとなったらどうなるか」という話です。武人というのは力に頼む人です。自分に力があるとして力任せに行こうとする人です。それだから自分が謙虚になっていない。自分に力がないことを知らない。

「眇《すがめ》」というのは「斜視」のことをいったり、目が不自由なことをいいます。この人は目が不自由でありながら、自分ではよく見る力があると思い込んでいます。「跛《あしなえ》」は脚が不自由という意味ですが、この人は足が不自由でありながら自分はよく歩ける、よく行えると思っている。そういう人が虎の尾を踏めば、その虎はガブリと人を食ってしまうというのです。

明らかに見えていないのに、見えているとする。脚が不自由なのによく歩けるという。もしこのような人と危険な行動をともにしたらどうなるか。そのような人がリーダーになったとしたらどうなるか。場合によっては部下たちは生命の危険にさらされます。死ぬ人までが出てきます。虎に食われて大失敗しますよ、と「天沢履」の三爻は警告を発しているのです。したがって、武人は大君にしてはならないと教えています。

尚書（書経）には「徳の高いものには官位を与え、功績の多いものには褒賞《ボーナス》を多くする」とあります。

また、西郷南洲《なんしゅう》も同じようなことをいっています。「武人には位を与えてはならない。仮にどんなに国に功績があってもその人をリーダーの地位につけてはならない。そういう人には位ではなく恩賞を与えなさい」と。武人がリーダーになると必ず虎の尾を踏んでしまうことを危惧《きぐ》しているのです。

その武人だけが虎に食われるのならばまだしも、その人の失敗によって、行動をともにしている部下たちまでもが死んでしまうことは絶対に避けなくてはいけません。こうしたことは実際の戦争の場面ではよくあったことだと思います。だから、その人物を観て位を与えるか禄を与えるかを考えなさいといっているのです。

【大壮（雷天大壮）】

躍龍には勢いがついてきます。そういう時に気をつけなくてはならないことは何か。それを教えているのが「大壮《たいそう》」（雷天大壮《らいてんたいそう》䷡）という卦です。「大いに壮《さか》んなるなり」と読みます。この卦は「大いに盛んな時に大切なのは礼であり、そして慎むことだ」と教えています。

普通、大いに盛んであれば、その力を発揮して勢いよく進んでいけばいいじゃないかと思いがちです。でも、それは違うのです。なぜでしょうか。たとえ話でいうなら、高速道路を大きなダンプカーが猛スピードで走っている時に事故が起きたらどうなるか。大事故につながります。大壮の時にはそれだけ大きな勢いがあるのだから、余計に慎重にならなくてはいけないのです。

当然のことながら、飛龍として伸びていく場合、たとえていえば、ジグソーパズルがピタピタッと合って急激な勢いで発展していきます。その時に、いつでもスピードがコントロールできるように手綱はちゃんと掌中《しょうちゅう》に入れておかなければいけない。コントロールがきかないところまで野放しにしてはならない。

盛んな力があればあるほど、自分に力があればあるほど、そして運気が強くなっている時であればあるほど、自分をコントロールしなさい。自分に打ち勝つことができる力をつけておきなさい。克己心がないと自制、コントロールはできません。それは礼にはじまるのですよ、と大壮には書かれています。

すべてに言葉と行いがつきまとう

躍龍、そして淵にいる龍が今から飛龍になる時のポイントは、いつその時が来てもいいようにしておくことだといいました。これにぴったりの言葉が「繫辞上伝」にあります。

「言行は君子の枢機《すうき》なり。枢機の発は栄辱の主なり。言行は君子の天地を動かすゆえんなり。慎まざるべけんや」

先に「機」の字の説明をしました。これは精巧な仕組みの大事なツボのようなもの、勘所であるとお話ししました。ここに出てくる枢機の「枢」は中枢の枢で、「最も大切な」という意味です。したがって、「枢機」というと、中枢の中枢、最も大切なものという意味になります。

「言行は君子の枢機《すうき》なり」とあります。言葉と行いがリーダーの枢機である。そして「枢機の発は栄辱の主なり」ですから、栄と辱、褒め称えられるか辱めを受けるかは、言行によって決まるというのです。

その次には「言行は君子の天地を動かすゆえんなり」と書いてあります。天地を動かして躍龍が飛龍になった時には言行の積み重ねが大切な枢機になります。だから「慎まざるべけんや」なのです。

言葉を修めること、業を修めることは最も大切です。文言伝に「進退すること恒なきも、群を離るるにあらざるなり。君子徳を進め業を修むるは、時に及ばんと欲するなり」とありました。飛龍の時中に及ばんと欲するために徳を進め、業を修めるのです。そしてこれはすべて言行がつきまとう事柄であることを教えています。

時中にあって成し遂げられないのは人災――「雷地豫」

吉田松陰のこんな言葉があります。

「成し難きものは事なり、失ひ易きものは機なり。機来り事開きて成す能《あた》はず、坐《ざ》して之《こ》れを失ふものは人の罪なり」（成し遂げることが難しいのは事業である。失いやすいのは機会である。機会が来て、事業をはじめても、成し遂げることができず、何もせずこの機会を失ってしまうのは、人の罪である）

この「成し難きものは事なり、失ひ易きものは機なり」の「機」は前にも説明しました。「精巧な仕組みの大事なツボとか、勘所、機密、枢機」という意味です。

さあ、それを理解したうえで吉田松陰のこの言葉を読むと、事を成し遂げていくのに一番重要なツボが一番失いやすいものだといっています。でも、その機が来ているのですから、今は時中なのです。ピッタリの時が来ているのに成し遂げることができない。それは人の災いだ、と吉田松陰はいっているのです。

「繋辞下伝」に「君子は幾を見て作《た》つ」とあります。「作つ」は「作る」という字ですが、「物事をなす」という意味でもあります。つまり、今がその時だったら成し遂げなくてはならないし、進まなくてはならない。出るべき時に出て、止まるべき時に止まる、退くべき時には退き、待つべき時には待つ。それがリーダーの出処進退というものです。これが時を知るものの進み方なのです。

重要な一転機が来た。君子はその兆しを観て作つのです。機会が訪れた。その兆しを観たら君子は作たなくてはならない、という意味になります。

この「君子は幾を見て作つ」という言葉が出てくる繋辞伝には「雷地豫《らいちよ》」という卦について次のように書かれています。

【繋辞下伝】

「子曰く、幾を知るはそれ神か。君子は上と交りて諂《へつら》わず、下と交りて瀆《けが》れず、それ幾を知れるか。幾は動の微にして、吉の先ず見《あらわ》るものなり。君子は幾を見て作《た》ち、日を終うるを俟《ま》たず。易に曰く、『介《かた》きこと石の于《ごと》し。日を終えず。貞なれば吉なり』と」

「幾」すなわち兆しを知ることはとても難しく、神業《かみわざ》に等しい。君子であるならば、目上の人に対して媚《こ》びへつらわない。目下の人に対して威張らない。それは兆しを知っているからである。兆しはわずかなものだけれど、吉の前に先んじて現れる。君子は兆しを観たらすぐに立って事をなさなければならない。それには非常に固い意志を必要とする。それがあれば先延ばしにしないで即刻できる、といっています。

この目上とは自分よりも年長の人の場合もありますし、社会的に地位が上の人もあります。あるいは仕事をくれる得意先かもしれません。そういう人たちに媚びたり諂ったりしない。また、目下とは部下の場合もあるでしょうし、自分が発注をする権限を持つ下請けかもわかりませんが、そういう力の弱いものに対して威張ったり、あるいは賄賂《わいろ》を要求したりしてはいけないのです。

なぜそういうことをしてはいけないかというと、今が時中であればすぐに立って事をなさねばならないからです。時中のその前に、上に諂い、下に汚れて負い目やしがらみをつくっていたとしたら、とても大事業は成せません。幾を知る者だったら、その兆しを観てすぐに立つために、自由な動きができないような人間関係、金銭の貸し借りはつくらないのだといっているのです。
「介きこと石の于し」とありますが、この「介石」は蒋介石《しょうかいせき》の字《あざな》になっています。
「雷地豫☳☷」という卦がその出典です。
この卦は「兆しを観る」ということのヒントにもなっていると思います。

第七章

社会に大きな恵みをもたらす時

――飛龍の時代

飛龍に学ぶリーダーのあり方

【乾為天】

「乾《けん》は元《おお》いに亨《とお》る。貞に利《よ》ろし。彖《たん》に曰く、大いなるかな乾元、万物資《と》りて始む。すなわち天を統《す》ぶ。雲行き雨施して、品物形を流《し》く。大いに終始を明らかにし、六位時になる。時に六龍に乗じ、もって天を御す。乾道変化して、おのおの性命を正しくし、大和を保合するは、すなわち利貞なり。庶物に首出して、万国咸《ことごと》く寧《やす》し。象《しょう》に曰く、天行は健なり。君子もって自ら強《つと》めて息《や》まず」

「乾為天☰☰」の最初に書かれているこの部分は卦辞《かじ》、つまり「乾為天」という卦の全体的な動きや働きを説明しています。そして、この卦の状況をつぶさに具現しているのが「飛龍」なのです。したがって、飛龍を学ぶにはこの卦辞に書かれた「乾為天」という「時」の特性をどうしても知る必要があります。「乾為天」の冒頭に掲げられているにもかかわらず、この卦辞についてこれまで説明してこなかったのには、そういう理由があります。

龍は古くから非常にめでたい存在であったという話を潜龍のところでしました。なぜかというと、雲を呼び雨を降らせる存在だからです。天から恵みの雨が降って、大地が万物を育てる。その循環によってこの世の中はできています。天と地のその働きにならって、人間界に恵みの雨を降らせて、社会に大きな循環を巻き起こして繁栄させていくのが龍の役割です。

雲を呼んで雨を降らせる、そういった龍にならって、この人間界のリーダーも雲を呼んで雨を降らせなくてはなりません。会社でいうと、経営者が龍で、従業員が雲にあたります。

「乾為天」では、その龍の働きから自分のあるべき姿を学びなさいといっています。そして、その学ぶべき龍とは「飛龍」です。潜龍でもない、見龍でもない、力をつけて本来の龍の特性を大いに発揮するのが飛龍の時代なのです。その「時」には、「乾為天」に書かれている古くから非常にすばらしいとされている徳や力をすべて発揮できるというのです。

さて、「乾は元《おお》いに亨《とお》る。貞に利《よ》ろし」とあります。漢文では「乾元亨利貞」の五文字で表します。この意味は字面《じづら》のままにとってください。「元いに亨る」とは「すばらしく伸び栄えて通る、通じる」ことです。「元」は「始まり」の意味もあります。「亨」は「発展する」。「貞」には「固い」という意味もあります。正しいことを固く守っていくのが「貞」です。

その正しいこととは潜龍の志です。だから、潜龍の志という指針に照らして正しいかどうかを判断しなくてはいけません。「貞に利ろし」というフィードバック装置がなくなったら、どれだけ成功しても龍の役割ではないのです。「乾為天」はそれをしつこく教えています。そして易経の全編にわたって、それを繰り返しいっています。「大いなるかな乾元、万物資《と》りて始む。すなわち天を統《す》ぶ。雲行き雨施して、品物形を流《し》く」とあります。

最初の「乾は元いに亨る。貞に利ろし」で乾の力を賛美しています。そして「大いなるかな乾元、万物資りて始む」ですから、「乾の元気な力は大いなるすばらしいものであり、万物はこれによって始まる」といっています。この天の気によって万物創造が始まります。「すなわち天を統ぶ」とは、この乾の力によってすべてが統率されていくという意味になります。

「雲行き雨施して、品物形を流く」。「品物」とは、この世の中に存在する一品一品であり、あるいは私たち一人ひとりであり、あるいは生きとし生けるもののすべてです。飛龍には雲を呼び寄せる力があります。それによって雨を降らし、私たち一人ひとりだけでなく、この世の中に存在するすべて、あらゆるものに普《あまね》く行き渡り、「形を流く」はそれらしく輝かせる、一つひとつの存在を生かすことができる「それらしく成長させることができる」という意味になります。

「大いに終始を明らかにし」終わりと始まりを明らかにする、そして「六位時にな る」。「六位」とは、潜龍からはじまる六つの段階です。潜龍、見龍、「君子終日乾乾」、躍龍、飛龍、亢龍《こうりゅう》と、これらの龍にはそれぞれの役割があります。各段階のさまざまな場面、その時々における条件があります。

「なる」というのは「生かされる」ということです。その物事に応じて生かされる。もうひとつは「必ずものにする」という意味もあります。その時にものにしなくてはならないことは、必ずし遂げなくてはならない。それが役割を果たすことです。

ここではリーダーの本来の役割を教えています。あらゆる人や物事のそれぞれの特質や持ち味を生かし育てて、見事に開花させる。そのリーダーの役割を果たす、それを龍に習いなさい、と教えているのです。

「時に六龍に乗じ、もって天を御す」の「六龍」は、それぞれの龍のありとあらゆる姿形をいいます。いいかえれば、リーダーのありとあらゆる姿形です。すでに見てきたように、その時その時に応じた働きがあります。その力を使いこなし、大いなる龍の働きを成していくことです。

「乾道変化して、おのおの性命を正しくし」の「性」は天からもらったもの、生まれながら持っている特質、徳性・特性、能力、持ち味などです。そして「命」はそれを現実に生かしきること。「正しくし」とは「それらしくある」という意味です。男は男として、女は女として、動物は動物として、植物は植物として、花は花として、草は草として、それぞれが天から授かった特質や能力を開花させなさい、というのです。

「大和を保合《ほうごう》するは、すなわち利貞なり」

「大和」は大きな循環の輪。会社でいえば、わが社に関係するありとあらゆる人々、ステークホルダーを表しています。それを「保合する」のですから、わが社から、自分の本業からはじめて、大いに循環させていく。わが社だけが儲《もう》かればいいのではなく、わが社が発展することによって地域社会、地域経済を活性化し、そこに住む人々に恵みを循環させていく。そして、地域から日本全体へ、そして世界へ、地球全体へと恵みを広げていく。これが「大和を保合する」です。

そして「利貞」の「利」は秋の刈り入れ、その豊かな実りを手に入れることでした。その手に入れる方法は正しくなくてはならない。「保合するは、すなわち利貞なり」なのです。

「庶物に首出して」の「庶物」はあらゆるものです。「首出」は首を出す。あらゆるものに、乾の力が及んでいて、それが一つひとつの中に現れている。その結果、一つひとつのあらゆるものが居場所を得て、性命を尽くして生きることができるのです。

ここでいう乾とは種のようなものなのです。

「万国咸《ことごと》く寧《やす》し。象に曰く、天行は健なり。君子もって自ら強《つと》めて息《や》まず」

この乾の道にのっとっていれば人も国も「寧し」。平安、安泰、安寧です。「象に曰く」は、形を見て何を教えているかという意味。つまり、今述べたような役割を一人ひとりが担っているという自覚を持ちなさい。その自覚を持って決して休まず、疲れず、繰り返し反復継続して健やかさを失うことのないように励みなさい、といっています。

必要なものはすべて揃い、思っていた以上にうまくいく

「乾は元いに亨る。貞に利ろし」を別のいい方にすれば、「元」が春で「亨る」は夏の勢いよく伸びていくさまにもとれます。そして「利貞」の「利」は秋の刈り入れにあたり、「貞」は固く蔵に蔵す。季節でいえば冬に当てはめることができます。

物事がはじまって発展し、成熟して元に戻って、それを繰り返し繰り返し循環していく力を発揮するという意味でもあります。

それらをすべて具現しているのが飛龍なのです。そして、その飛龍の時代にどのようなことが起きてくるかを表しているのが九五の爻辞です。

【乾為天】

「(九五)、飛龍天に在り、大人を見るに利《よ》ろし。象に曰く、飛龍天に在りとは、大人

の造《しわざ》なるなり」

【文言伝】

「九五に曰く、飛龍天に在り、大人を見るに利ろしとは、何の謂ぞや。子曰く、同声あい応じ、同気あい求む。水は湿に流れ、火は燥に就く。雲は龍に従い、風は虎に従う。聖人作《おこ》りて万物覩《み》る。天に本づくものは上に親しみ、地に本づくものは下に親しむ。すなわちおのおのその類に従うなり」

躍龍が飛龍になって大空を悠々と飛びます。その時に何が起きるのでしょうか。

「子曰く、同声あい応じ、同気あい求む」

ここでは私たちの人生や日常における出来事をイメージしていただきたいのです。この飛龍の時代は、非常に能力のある人たちや力のある人たちを同志として統率しながら働かせて大きな循環を巻き起こします。ですから、飛龍の時にはなんでもかんでもうまくいくのです。ツキにツイている「時」なのです。何かやろうとすると、予定どおりにいくだけではなくて、それ以上にうまくいくのです。まるで動いていくその方向に対して磁力があるように、必要なものすべてがひきつけられて大きな力が流れとして起きてきます。

たとえば、すばらしい商品を開発して、さあ、これからこの商品を世の中に流布させようと思っていたら、「是非その商品を扱わせてください」と代理店のほうからやってくるのです。どこから話を聞きつけてきたのかわかりません。でも、そういった話がまいこんできます。

また、商品化するのに資金が足りないというと、お金のほうから使ってくださいとやって来ます。マーケティング力が弱ければ、マーケティングに強い会社、もしくはマーケティングに強い人材がやって来たり、誰かから紹介されたり、資金にくっついてきたりするのです。

潜龍や「君子終日乾乾」の時代では、うまくいくことがあってもトントン拍子に進んではいきません。特に潜龍の時代は、いいアイデアがあっても、なかなかものにならない。ところがこの飛龍の時代は、不足に対して、それを埋めるべく必要なものが、思う以上に満たされるのです。前にジグソーパズルのたとえ話をしましたが、空いた場所にピースのほうから勢いよく飛び込んできて、ピタッとはまるのです。そうとしかいいようがない出来事が起きてくるのです。

それはまるで自分が台風の目の中心にいるかのようです。

そうやって飛龍は悠々と大空をかけめぐります。そのために必要なものはすべて揃います。これが飛龍の時代の大きな特徴です。

失敗すらも成功の原動力となる飛龍の時代

その飛龍といえどもたまには失敗します。うっかりミスもありますし、齟齬《そご》することも出てきます。たとえば、計画したことがうまく進まないことは、飛龍の段階でも出てきます。

ところが飛龍の時代は、そのような齟齬があったとしても実力以上に結果を出すことができるのです。むしろ、うまくいかなかったことが幸いして、より大きな成果を得るきっかけになったりします。スムーズにいかないことが逆にプラスになっていくのです。勘違いして失敗したことから、いいアイデアが生まれるなど、不思議なことが次から次へ起きてきます。

「同声あい応じ、同気あい求む」とは、シンクロニシティーです。心理学者のカール・グスタフ・ユングがいった共時性です。ユングは易を勉強して共時性ということに気がついたのです。

やることなすことすべてがうまくいきます。期待していた以上に華々しく成果をおさめます。そしてシンクロニシティー（共時性）が起きてきますから、全然関係のないようなところで不思議なつながりが続々と生まれてきます。短期間の間に驚くような符合、偶然の重なりが合わさってきます。これらすべてが、偶然に見えますが、すべては必然です。飛龍の波、飛龍の勢いに乗って大きく動いていくのです。

セレンディピティーという言葉があります。これは偶然の出来事からチャンスを引き出したり、チャンスにめぐり合う能力をいいますが、このセレンディピティーそのもののような出来事が起きてきます。

飛龍の時代は、ありとあらゆることがうまくいきます。それはたとえば、私たちが朝、さあ歯を磨こうと思ったら歯ブラシに歯磨き粉が乗っかって「はい、磨いてください」と口元までやってくるようなものです。顔を洗ったら、タオルがふわっと掌《てのひら》に漂《ただよ》ってくるようなものなのです。

つまり、必要なものが必要な時にやって来るのです。極端にいえば、待っているだけでいいのです。

超能力の話をしているわけではありません。しかし、超能力かと思いたくなるほど不思議な現象が次々に起きます。これが飛龍の時代です。時中を文字どおり体験します。

「利見大人」を満たさない飛龍は失墜する

さあ、そうなると飛龍はどのような心境になるでしょうか。自分が今、飛龍になっているつもりで想像してみてください。「飛龍天に在り」ですから、これがしばらくの間続きます。やることなすことうまくいきます。

業績がよくなかった会社も、自分が飛龍になると同時にうまくいきました。ネットワークも自分に協力してくれます。お金も集まってきます。アイデアも集まってきます。「こうすればうまくいく」といったことが見事に的を射ます。

この状態がいつもいつも続いたら、まわりはきっと、あなたのことをすごいやり手だと賞賛するでしょう。「彼には特殊な能力がある」と思われるかもしれません。運も強く、何より優れた人で、任せておけば間違いがない。まるで神様扱いされるのではないでしょうか。

躍龍が飛龍になった直後の気分を想像してみてください。やっと飛龍になったうれしさはあるけれど、その責任はとても重い。自分にできるだろうか、という不安もあるでしょう。でも、今まで努力して力をつくりあげてきた。その力を社会に大いに役立てるために心を引き締めていこう、確乎不抜の潜龍の志に立ち返ってそれを実現していくぞ、という気持ちで出発します。

それが、やることなすことぜんぶうまくいって、みんなが賞賛してくれます。ちょっとぐらい失敗しても、その失敗したことが幸いして、さらにうまくいきます。他の人にはできなかったことが自分にはできます。華々しく活躍しますから、その業界においては尊敬の目で見られます。

そのうちに「もしかしたら、俺って本当はすごい能力があるんじゃないかな」と思いはじめます。これは誰でもそうです。「天が俺様に味方しているな」「すごい守護霊に守られているな」という気がしてきます。

易経では、愚かな人がそうなるのではなく、優秀な人であればあるほどそういう思いにとらわれていく、と書いてあります。優秀な人は陰陽の陽が強いので、勢いよく大空を駆けめぐります。そして、あらゆることがうまくいくので、陽はますます強くなる一方です。

そうするとどうなるか、というのが次の話です。

陰と陽の原理原則を思い出してください。陽が強くなればなるほど、確かに力は強くなりますが、「極まれば変ず」なのです。陽が極陽に行ってしまったら、そこで陰に変じます。

極陽というのは怖い状態です。飛龍の次の段階に易経は「亢龍《こうりゅう》」という龍の状況をちゃんと用意しています。亢龍は昂《たか》ぶる龍であり、降り龍です。もし飛龍がある条件を満たさずにそのまま進んでいったら、必ず亢龍になると易経には書かれています。

飛龍は、別の言葉で表現すれば「大成功」です。その大成功を維持するには、ある四文字の条件があります。その条件を満たさなかったら、必ず飛龍は亢龍になってしまう。つまり、失墜すると書かれています。

その四文字とは「利見大人（大人を見るに利《よ》ろし）」です。

この四文字はどこかで見ました。見龍の時代です。

「見龍田に在り。大人を見るに利ろし」

この「利見大人」と同じ言葉です。ただし、見龍の時代は基と型をつくる時でした。そして、力をつけるためにまず大人のコピーに徹する時代でした。その見龍にとっての大人とは、自分を見出してくれた人、自分が学ぶべき相手でした。

では、飛龍にとっての大人とは誰なのでしょう。何もかもうまくいって、まわりから賞賛され尊敬されているのが飛龍です。組織の中で最も上の位、社長とか国王といった一番上のリーダー格が飛龍です。その飛龍にとっての学ぶべき大人とは誰だか想像できるでしょうか。

実は、古くからこの大人についていろいろな説があります。

ある学者さんは、飛龍にとっての大人は飛龍自身だといいます。

それから、自分の下にいる存在でも、きちんと諫言《かんげん》してくれる人物、これが大人だという説もあります。これはなかなかいい説だと思います。

また、自分（飛龍）以外はすべてが大人であるという説もあります。しかも、それは人に限られません。物でも事でもありとあらゆるものが大人だというのです。出会ったものすべてが飛龍である自分に教えてくれる。極端にいえば、窓の外に一葉の桐の葉が落ちたとします。それを見て兆しを知ることだってできます。「桐一葉落ちて天下の秋を知る」、万象の秋を知らしめるものだからです。

本当の大人とは嫌なことをいってくれる人だけではない。路傍の石のようなものさえも大人なのだというのです。これは私が一番好きな解釈です。

何もかもが思った以上にうまくいくというのが飛龍の時代の特徴ではありますが、そういった飛龍には必ず落とし穴があります。「好事魔多し」といいますけれど、まさに魔が待ち構えているのです。

それほど優秀ではない飛龍ならいいのです。ちょこちょこ失敗しますから、「なんて馬鹿なんだろう」「またやっちゃった」と反省できます。でも、優秀な飛龍は危ないのです。あまり失敗しませんし、時が加担してくれていますので、大成功するのです。運さえも味方ですから、怖いものなしです。でも、実はそれが怖い。「兆しを見ることができなくなって、突然落ちる」と易経はいっています。

本当は突然落ちるわけではありません。相当前から兆しはちゃんと点滅しています。青信号から赤信号に突然なるわけではありません。兆しが告げて、知らせてくれているのです。ただ、それに気づかないから、突然落ちるように見えるだけです。

最初に兆しの話をした時、冬至が一番寒いのではなくて、それを過ぎてしばらくしてから本当に寒くなると説明しました。この冬至のように、実際に兆しというのは、本当に寒くなるかなり前から寒くなる知らせを点滅しているわけです。

ところが、あまりにも優秀で、あまりにも能力がありすぎる龍は、最初こそ謙虚に恐る恐るやっていたけれど、うまくいくのが当たり前になると、次第次第に「俺様」になってしまうのです。実力もありますから、ちょっとぐらい外れてもいくらでも修正がきくので、そのうちに兆しを見る能力がなくなってしまうと易経はいいます。

この危険を知らせる兆し、信号は相当長い間点滅していています。青信号や黄色信号が相当長い間点滅していて、それが一定の時間に達した時に、突然赤になるように。

何もかも上手《うま》くいくのが当たり前になっている時に、飛龍は「時」を見誤って、そして亢龍、降り龍になるのです。

これは「利見大人」という条件を欠いている時の話です。大人を見出すことができないと、飛龍は亢龍になり、突然、失墜してしまうのです。では、「利見大人」を守っていれば亢龍にはならないのかというと、そういうわけではありません。

大きな流れの中で、必ず満月は新月になって、新月は満月になっていきます。こうした循環が存在します。したがって、飛龍も時が来たら自然に亢龍になるのです。でも、ある時突然失墜するのは自然ではありません。それは人為によるものです。誰に禍があるかといったら、その飛龍に禍があるのです。飛龍はトップですから、当然、飛龍に禍があるのです。天災ではなくて人災なのです。

そうならないために、ありとあらゆるものから学ぶ「利見大人」が必要だと易経はいっているのです。

自分以外のすべてが合図を送り、教えてくれているのだと知ることが大切です。「この兆しは何かの信号なのかもしれない」という意識の持ち方が大切です。日常の中で、そういう意識を持っているのといないのとでは大きな違いです。

「あれ？　何か尋常じゃないな、普通じゃないな」と思ったことは、必ず何かを告げ、知らせているのです。ですから、変だなと思ったことは決して無視せず、記憶にとどめておいてください。そうすると、いくつかの兆しがひとつの流れを告げ知らせてくれていることに気づくようになります。さらに習熟してくると、ひとつの兆しから過去と現在の点検ができるようになっていきます。

自らの内に陰を生じさせて陽の力を調整する

突然失墜して亢龍にならないもうひとつの方法として、易経は「自らの内に陰を生じさせる」ことを教えています。

陽は積極的に前に進んでいく能力でもあり、開拓していくとかリーダーシップをとる能力でもあります。陰のほうの能力は何かというと、話すのと聞くのでは、聞くほうが陰の能力です。譲るのも陰の能力です。

なぜ飛龍が亢龍になってしまうかというと、陽の力が強すぎるからなのです。「私が、私が」という陽の積極性はすばらしいのですが、ただでさえ飛龍の時代には陽の力が高まっていきます。その能力を全開できる時なのですが、先にも述べたように、陽の力が最大限まで強まって、ついにそこで極まると、陰に転ずるのです。

ですから、飛龍が亢龍にならないためには、自らに陰の力を生じさせて、陽の力が強くなりすぎるのをコントロールする必要があります。つまり、飛龍は聞く力を身につけなくてはならないし、譲る能力も身につけなくてはならないのです。

もっといえば、飛龍は自分の中に陰を生みだすようにしなくてはなりません。そうしないと、陽がどんどん極まっていってしまい、やがて亢龍になってしまいます。

飛龍はとにかくものすごく力を発揮しますから、同様の能力を持つ人がまわりにいなくなります。しかし、その能力はあくまでも陰と陽のバランスの中において発揮するようにしなくてはいけません。なぜならば、この世の中に陽だらけということはありえないからです。陽だらけに見える時も裏で陰は伏しており、陽が極まってしまったら、その瞬間にそれは必ず陰に転ずるのです。

したがって、自らの内に陰を生みだすという作業が必要になってくるわけです。

では、「自らの内に陰を生みだす」ために最大の効果がある作業は何でしょうか。

それは「後継者を生みだす」「後継者を養成する」ことです。これは自分の力を発揮するのではなく、育てる力です。陽を育てる力です。

勘違いしがちなのですが、飛龍の時は悠々と大空を飛びます。しかも難しい仕事を仕上げてしまう能力も発揮します。そういった時は、ますます前に自分を駆り立てたくなります。まだまだ、という感じになりがちです。

ところが易経は、そういう時にちゃんと調整しなさい、と教えています。ただし、調整するというのは、たとえば乗馬で馬の手綱を強く引くようなことではありません。もちろん、馬を蹴《け》って駆り立てるのでもありません。そうではなく、いつでもスピードを落とせるように手綱を手中に入れておきなさいというのです。スピードを自分でコントロールできるようにするという意味です。これが陰を使いこなす能力なのです。

後継者を育てることは、本当は飛龍になったと同時にはじめるべきことです。後継者を育てるのは、自分の中に陰の力を生じさせる一番の方法なのです。

陽は極まったら亢龍になって一気に陰に転じます。だから、陰の力を発揮して、できるだけゆっくりゆっくり、陽の力を緩やかに長引かせるわけです。ある時は駆けたり、ある時は並足にしたり、速度を自由自在にコントロールする。陰と陽の使い分けが大切です。

そのために、自らの内に陰を生み出すようにする。そして陽の力を調整したり、陰の力を発揮したりという作業を常に意識してやっていく。駆け出しすぎたら手綱を締める。これが必要なのです。

後継者の養成は、陽を育てる陰の力です。次の龍を育てる第一の力でもあります。天は陽、地は陰です。陽だらけになったら陽は死んでしまいます。この世の中で陽だらけという存在や状況はありえません。また逆に、陰だらけの存在も状況もないのです。

ただ飛龍の時代は、見た目の上で陽がたいへん強くなっています。陽は極限までいけば陰に転じますが、陰に転じた時に慌てて後継者を育てようとしても手遅れです。

ですから、飛龍は自分の力を発揮することに夢中になるだけではなく、自分が陰になって次の陽を育てていかなくてはならないのです。創業と守成といいますが、創業から守成に転じるのは飛龍の勢いを失ってからではありません。飛龍になると同時、つまり全盛時から守成でなくてはならないのです。こういうと意外に感じるかもしれませんが、兆しはそこにもうあるのです。

兆しは実態よりもはるかに早く現れます。そろそろ守成の時期だと思う頃には亢龍になる寸前なのです。ですから、飛龍になったと同時に後継者の養成に着手する必要があるのです。見た目の上での数字は、飛龍になってから大きく飛躍して伸びていきます。しかし、気持ちは守成であること。後継者の育成というのは、それほど時間のかかる作業なのです。

守りは陰にあたります。創業は陽の勢いです。でも、守成といっても創業精神をなくすことではないのです。守成とは創業精神を守って固めていくことなのです。

第八章

晩節を汚さないための出処進退

——飛龍から亢龍へ

存して亡ぶるを忘れず、治まりて乱るるを忘れず

「乾為天」の爻《こう》を見てください（☰☰）。すべて陽でできています。一番下が潜龍で、ここはまだ陽が弱い。その上の見龍になると、少し陽が育って世の中に出る。そして次の「君子終日乾乾」、その次の躍龍と育っていくにつれて、陽が強くなっていきます。ステップを追うごとに、陽の勢いが増していくのです。

陽は物事を通す推進力でもあります。どうやったら物事を実現させるかというアイデアも、具体的に実現させる力も持っています。陽は自分でも努力します。健やかですから、育っていきます。

そしていよいよ飛龍の段階に入ります。ここは最も能力を発揮している時です。それがずっと続くと陽はますます強くなっていきます。そのまま自然にしていても、いつか陽は極まります。陽が極まると飛龍は亢龍になります。

しかし、亢龍になったからといって、すぐに失墜するわけではありません。いずれ落ちる時が来たら落ちます。ただ、その時に急激に落ちるか、緩やかに落ちるかの違

いがあるのです。急激に落ちる場合は人災であり、飛龍そのものに原因があるという話をしました。

飛龍は、なりたての頃はとても謙虚なのですが、だんだんと驕り高ぶっていきます。それは当たり前といえば当たり前です。年をとるにつれて、地位が高まっていくにつれて、実績が積み重なっていくにつれて、叱ってくれたり、嫌なことをいってくれる人がいなくなっていきます。そのうち自分を厳しく客観的に見ようとする姿勢がなくなってしまいます。そうなると飛龍は亢龍になり、堕落してしまうのです。

苦言を呈してくれる人がいなくなる理由はいくつかあります。

たとえば本当に力があって優れた人であれば、誰も苦言を呈しません。賞賛されるのみです。中には、何もかも成功させた人だけれど鼻持ちならない人もいます。でも、その人に向かって「お前は鼻持ちならないから嫌いだ」といえるでしょうか。誰もそんなことはいえません。それはこちらの感覚にすぎないからです。

「今まではよかったけれど、ちょっとやりすぎだから抑えたほうがいいよ」といってくれる友達ならいるかもしれません。利害関係がない友達の場合は、そういってもいいはずです。しかし現実に大成功を収めている相手の前で、なかなかそういう忠告はできないものです。

また、「とにかくあれこれいわれるのは嫌いだ。俺は褒めてくれる人が好きだ」という人もいます。こういう人はいち早く亢龍になります。

繫辞下伝には次のように書いてあります。

「子曰く、危うき者は、その位に安んずる者なり。亡ぶる者は、その存を保つ者なり。乱るる者は、その治を有《たも》つ者なり。この故に君子は安くして危うきを忘れず、存して亡ぶるを忘れず、治まりて乱るるを忘れず」

「危うき者は、その位に安んずる者なり」ですから、高い地位にいる者はその状態が続いて、いつまでも安泰だと思ってしまうのです。しかし、その間にも不祥事の種が育っているかもしれません。

夏の盛りは七月ですが、八月になると厳しい残暑がやって来ます。その暑さを一番強く感じる時に、秋の少し冷たい風が夜になると吹きはじめます。

新月は満月に近づいていきます。満月になった瞬間から新月に近づいていくのです。「月望に近し」という言葉があります。「月望」とは望月、満月のことですが、満月に近い時は、本当は即刻撤退すべき時なのです。満月になれば、そこから急速に新月へと向かっていくのですから。

ところが、満月に近づく時は勢いがどんどん強まります。そんな時に撤退しろといわれても、誰も聞く耳は持ちません。それは「存して亡ぶるを忘れ」ているからです。

飛龍の時は、陽がますます強くなっていきます。勢いづいてくると、その勢いに乗じたくなるのが人情というものです。

たとえば競馬で馬が逸《はや》って速く走り出すと、「もっと速く走れ」と鞭《むち》を入れたくなります。それが人情です。しかし本当は鞭を入れてガンガン走らせるよりも、気持ちよくしなやかに走らせておくほうが最後の追い込みがきくのです。

私たちは調子のいい時は「もっと行け、もっと行け」となりがちです。それが競争や業績にかかわることだとしたら、特にそうです。「あぁ今はツイている。もっともっとツキたい」という気持ちになってしまいます。

この「もっと強くなりたい」「もっとうまくやりたい」というのは、いい方を換えれば、「もっと陽を強くしたい」のと同じです。陽がただでさえ強い勢いを増しているのに、さらに自分でも陽を駆り立てたくなる。それが人情だということを忘れないでください。

威張るのは陽です。威張っていい気分になるのも陽です。もっと独占したがるのも陽です。発展させたがるのも陽です。シェアを伸ばしたがるのも、縄張りを張りたがるのも、すべて陽の働きです。

そして、陽が強くなれば強くなるほど陰は弱くなっていきます。そこで「存して亡ぶるを忘れず」とは何をいっているのかといえば、自分を客観視することを忘れてはいけないといっているのです。また、夏に冬を忘れてはならないといっているのです。

これは当たり前の話ですが、理屈ではわかっても、現実に自分がその只中《ただなか》にいる時は夢中になって忘れてしまうのです。自分の能力にも夢中になりますが、この勢いがとても快くて、もっと勢いに乗《じょう》じたくなるのです。これは陽を極端に強くさせるのを早める道です。

そうではなくて、できるだけ緩やかに、できるだけゆっくりと進めていくようにしましょう。そして、消滅しがちな陰を自分の中でなんとか生じさせて、陰を育てていかなければいけないのです。

放っておいたら陽が強くなっていきます。これは時の勢いです。ですから、その時を知って「存して亡ぶるを忘れず」。ともすれば陽が極まっていくのを自分で抑えるように。緩やかに手綱を引き締めて、坦々と進んでいくのです。

龍が大空を悠々と駆けめぐる様子を想像してください。逸《はや》ってはならないのです。そして自分の中で事あるごとに陰を生じさせ、陰を育てていくという作業が必要なのです。意志を持ってしないと陰は生じません。放っておくと陽が強くなる一方です。

「でも、そうなっちゃうんだよ」という人がいますが、それは本人がそう思うからそうなるのだと易経に書かれています。そういう人は、自分で自分を騙《だま》しているのです。

長年飛龍として社会に大きく貢献してきた立派な経営者で、いつの間にか「俺のまわりには大人がいないんだよ」と発言する人もいます。それは、自分で大人を嫌って遠ざけているだけです。いつまでも自分が一番でいたいと思っているのです。

それが飛龍の落とし穴です。これは罠《わな》です。飛龍は自分で自分に罠を仕掛け、その自分で仕掛けた罠にかかって、見事に亢龍になってしまうのです。

陽だけでは成り立たず、陰だけでも成り立たない

易経の中では、飛龍はどうあるべきかをちゃんと教えています。「見龍田に在り。大人を見るに利ろし」とありました。見龍は大人のいうことを聞き、大人を見習います。その真似される大人はどうあるべきか、という話です。

文言伝にはこう書いてありました。

「龍徳ありて正しく中する者なり。庸言これ信《まこと》にし、庸行これ謹み、邪を閑《ふさ》ぎてその誠を存し、世に善《よ》くして伐《ほこ》らず、徳博くして化す」

これは飛龍のあり方をいっているのです。「世に善くして伐らず、徳博くして化す」。世の中に大いなる循環を起こしても、自分は誇ってはならない。飛龍はそれができて当然なのだから、ということです。「化す」は「化けさせる」意味です。これは後継

者の育成につながっていきます。見龍は「大人としてどうあらねばならないか」を飛龍のあり方を見て育っていくわけですから。

だから「君子終日乾乾」の時代にはこう書かれていました。

「君子は徳を進め業を修む」

これを忘れてはいけないのです。

後継者を育てるということは自分の中で陰を生じさせ、育てることになるといいました。なぜか。それは、包容力が求められるからです。自分の力を発揮することは陽の能《はたらき》ですが、後継者を育てるのは、陰の能です。相手の人間の陽を育てることだからです。したがって、包容力がなければできないことです。

三省堂の国語辞典で、器量と度量の違いについて面白い書き方がされています。器量は「当該の高いポストを汚さず仕事をやってのけるかどうかという観点から見た、その人の対処能力」。一方、「自分を批判したり自分が気に入らなかったりする他人の言行を、ただそれだけの理由で拒否することなく、聞くべきものは受け入れる、心の広さ」、それを度量というと書かれています。

ここからもわかるように、陰陽に分けるとすれば器量は陽の力で、度量は陰の力です。ただし、器量は陽だけではありません。陰の力によって陽を発揮しているのが器量です。逆に、陽の力によって陰の力を強く発揮しているのが度量なのです。

世の中で能力があると賞賛されている人々、実力があるといわれている人々を見ると、器量人はたくさんいます。しかし、度量のある人は少ない。

後継者は器量だけでは育成できません。度量がなければ後継者は養成できません。陰の力を発揮するのは、度量を発揮することでもあります。自分のために自分の力を発揮するというのが陽の力。他のために、しかも他が育つために力を発揮するのが陰の力。後継者育成にはこの陰の力が欠かせません。

変化という言葉があります。この二字の熟語を陽と陰に分けたとしたら、「変ずる」という字が陽、「化する」という字が陰です。「変ずる」とは、天の気を発することであり、「化する」とは、その天の気を受けて化けさせることです。つまり、物事を成り立たせる、ものにする、実現する、というのが陰の力なのです。

そして陰と陽が交わって、はじめて物事は実現します。陽だけでは成り立たない、陰だけでは成り立たないのです。

亢龍には亢龍のすばらしい役割がある

飛龍になると同時に後継者の養成を意識しはじめることが望ましいといいましたが、これはとても難しいことです。というのも、飛龍になった時は自分の飛龍としての力を必死になって育てていますから、後継者を育てるところまで目が届かないのです。ただ、すぐには着手できなくても、飛龍になったと同時に陰を生じさせるという意識を持つことはとても大事です。

自分の次の人を育てることは、場合によってはライバルを育てるようなものです。オーナー企業であれば親が後継者である子を育てるのは受け容れやすいことですが、雇われ経営者の場合だと「自分のライバルを育てるのはリスクを背負うことだ」と考える方もたくさんおられます。しかし、それをしなくては、会社は潰れてしまいます。

また、困ったことに中小企業の社長さんたちでも、息子はいつまでたっても子供に見えるのです。八十ぐらいになって、まだ社長さんをやっておられる方がたまにいらっしゃいますが、できれば元気なうちに会長になっていただきたいと思うのです。亢龍には亢龍の役割があります。自分が失墜するとか勇退するだけではなく、亢龍には亢龍のすばらしい役割があるのです。

今までの話ですと、亢龍は嫌な存在で、なんか怖くて、なんとか亢龍にならずにすむ方法はないかと知恵を絞りたくなりそうですが、その考え方は間違っています。亢龍も、春夏秋冬がめぐるのと同様、いつかはめぐってくるのです。これについては、後ほどまた説明します。

ともかく、飛龍は放っておけば陽が強くなってきますから、自分の中の陰を生じさせ、陰を育ててください。それはつまり、自分以外の陽を育てるということ、後継者を育てるということでした。作用があれば必ず反作用があります。それをわかったうえでやっていただきたいのです。

優秀なリーダーを再生産しようとはっきりと意識してください。できるだけ自分よりも優秀なリーダーを再生産していってください。それがわが社の競争力を維持する原動力になります。

決してわが社の歴史に名前を残そうとしないでください。たとえば、あの創業者は偉大だった、あの人は中興の祖だったと、名前を残そうと意識しないでください。結果的にそうなるのは構いませんが、自分が中興の祖になろうと思ったら後継者は育ちません。むしろ中興の祖を育てるぐらいのつもりで自分の中の陰を発揮してください。それが引き際の研究になります。

自分の中で、長い時をかけて引き際を研究していってください。理想的には、何度もいうように、社長になると同時に後継者の育成をスタートするのがいいのです。部下は経営者をしっかり見ています。言葉に出さなくても、その態度や言葉が「庸言これ信《まこと》にし、庸行これ謹み」になっているかをちゃんと見ています。

未来はすでに起こっている

反対意見は謙虚に聞いて最後の決断はリーダーが下すのです。リーダーが「あいつの意見を採用したから失敗した。失敗したのはあいつのせいだ」などというのは恥ずべきことです。いろんな意見を真剣に聞いて、そして最後の決断は、どのような情報であろうが、どんなに優れた部下の意見であろうが、自分で覚悟して決断して実行するわけです。だから、最終責任はリーダーにあります。それが結果的に間違っていたとしたら、それはリーダーが情報判断力に欠けていたのです。

したがってリーダーは、最悪の場合、最後に泥をかぶるだけの覚悟をいつも持っていなくてはなりません。

ただ、現実には、大きな組織になればなるほど、悲しいことに頭のいい人ほど、決断することから逃げます。決断する場合に自分に最終責任が来ないようにする傾向があります。自分が責任をとるのが怖いのです。オーナー企業の経営者はそんなことはいっていられません。責任はすべて自分のところに来ますから逃げようにも逃げられません。

さて、決断を下す場合には、すでに説明しました「至るを知りてこれに至る」という言葉を思い出してください。これは、自分の洞察力でもって観て判断をすることです。どのような情報がもたらされようと、しっかりいろいろと真剣に謙虚に聞いて判断を下すのです。

この「至るを知りてこれに至る」と同じ意味の言葉を見つけました。それは経営学者のドラッカーさんが亡くなる寸前に出版した本のタイトルにありました。『すでに起こった未来――変化を読む目』というタイトルです（上田惇生他訳・ダイヤモンド社）。これはドラッカーさんがつけたタイトルですが、「すでに起こった未来」とはピッタリの言葉です。本当に未来はすでに起こっているのです。「至るを知りてこれに至る」とは、「わかっていてやる」ことなのです。

かつて盛田昭夫さんは「私は当てるべくして当てたのであり、『当たりましたね』といわれるのは心外です」といいました。これも「至るを知りてこれに至る」と同じ意味の言葉です。たまたま当たったのではなく、しっかりとマネージメントをして、工夫をして、そして判断をした。だから、「当たりましたね」といわれるのは心外だというのです。

自らのうちに陰を生みだす「惜福」の工夫

「惜福《せきふく》」という言葉をご存じでしょうか。これは幸田露伴の言葉です。「惜福」の意味は文字どおり福を惜しむことで、自分に与えられた福を享受し尽くしたり使い尽くしたりしないで後に残しておくという意味です。勢いや幸い、すべてを使いきらないで、不足なものをそこにつくりだすことです。この「惜福」の工夫が自らのうちに陰を生みだすことにつながります。

私たちはともすれば満足しようとします。足らないものを必死になって満たそうとします。特に飛龍の時は満ち満ちていこうとしているのです。満月に近づいていくのです。

しかし、満ちてしまえば亢龍になるしかないのです。だから、極端に満足にならないように、望月にならないように、できるだけ不足を自分の中に見出していく。少し足らないくらいがちょうどいいのです。だいぶ足らなくても結構です。要するに、自分から足らないものをつくりだすことが大切なのです。

これが惜福の工夫、陰を生みだすことにつながります。

また、江戸の歌舞伎役者・市川團十郎《だんじゅうろう》はこういいました。

「いつまでも俺は下手《へた》だと思うているが良し。一生いつまでも下手だと思うが良し。俺は上手だと思うと、もうそれきりなり」

この姿勢も陰を生じさせますし、大きく循環させていくことにつながります。

昇りつめた龍は降るしかない

「利見大人」「存して亡ぶるを忘れず」ということを忘れてしまい、賞賛の声に満足して宇宙天皇のような存在になってしまった飛龍は、ある日突然、亢龍になります。

後継者の育成をし、あるいは惜福の工夫をして自分の内に陰を育てれば、突然失墜することは免れることができますが、それでも秋の後には必ず冬がめぐってくるように、飛龍は徐々に亢龍に近づいていきます。

「乾為天」の上九を見てみましょう。

「(上九)、亢龍悔《こうりゅうくい》あり。象に曰く、亢龍悔ありとは、盈《み》つれば久しかるべからざるなり」

昇りつめた龍は降るしかありません。その時の様子をイメージしてみましょう。陽が強くなりすぎて飛龍は昇りつめていきます。ハッと気がつくと、雲ははるか下にあります。龍の役割は雲を呼んで恵みの雨を降らせて大いなる循環を起こすことでした。ところが、雲がそばにいないのです。雲を呼べなかったら、恵みの雨を降らすことはできません。これでは龍としての役割を果たせなくなります。退場するしかないのです。

なぜ雲がはるか下になってしまうのでしょうか。

もちろん自分が上へ上へと高みを目指しているうちに雲がついてこられなくなったという場合もあります。しかし、それだけではありません。

「逆鱗《げきりん》」という言葉があります。逆鱗は、龍の咽《のど》のところにあります。逆鱗に触れたとたんに殺された、という話は古代からいくらでもありますし、現代でもあります。

殺人までいかなくとも、飛龍（＝お頭《かしら》）の逆鱗に触れたがために、それまでの実績がすべて否定されて左遷されてしまったというのはよく聞く話です。

飛龍の逆鱗に触れて飛ばされるのが嫌で、龍以外の人々（＝雲）が逃げていってしまって亢龍になるのです。これが現実に起きてくる。裸の王様どころの騒ぎではありません。

龍には逆鱗があります。それから牙があります。龍は牙がものすごくて怖ろしい形相になります。だから牙を隠さなければいけないのですが、亢龍は猛《たけ》り狂った高ぶる龍ですから、チラッチラッと牙を見せてしまうのです。当然、雲は恐れて、まるでクモの子を散らすように逃げていくのです。「そんなつもりはないんだよ、戻って来いよ」といったとしても、亢龍のそばにはいづらいし怖いし、牙も見たくないから、みんな何とか理屈をこねて逃げてしまいます。

古代に遡って歴史を読んでいただければわかります。どんな英雄でも失墜するのは大衆から恐れられた時です。すばらしいリーダーが失墜する時というのは、必ず恐れられ、親しまれない時、嫌われた時です。

陽が強くなりすぎたのです。牙も逆鱗も陽です。陽の極です。

「象に曰く、亢龍悔ありとは、盈《み》つれば久しかるべからざるなり」

私の解説がいらないぐらいはっきりと書かれています。「盈つれば久しかるべからざるなり」、陽が満つるのです。そうすると、久しくいられない。雲を失って、昇りつめた龍は降るしかないわけです。

「老龍、天にありて、甘雨を降らす」という言葉があります。どなたの言葉なのか、私は知りません。どこでこの言葉を知ったかというと、ある方がお土産に買ってきてくださった甘納豆の袋に書いてありました。「これよこれよ、これなのよ」と本当に喜びました。二年ぐらい前の話です。

先ほど、亢龍には亢龍の役割があるといいましたが、まさにこれがそうなのです。「老龍、天にありて、甘雨を降らす」。老龍とは老いた龍とは限りません。「長じた」という意味にとってください。老いたというのは「陽が老いた」ことです。中国では「老」というと、老人だけではなくて、陽が伸び育った、もっとも強くなった、という意味があります。そういう龍ですから、亢龍と位は同じです。

老龍は甘い雨を降らす。飛龍とはまた違った役割です。これができるようになったら亢龍もしめたものです。

この龍は組織として見た時に一番上に位置します。現役の組織図の中での一番上の位は飛龍です。亢龍はその上に位しますが、組織からは離れています。代表権のない会長とか相談役といった立場です。

この「老龍、天にありて、甘雨を降らす」とは、実は飛龍の役割でもあります。雨を降らせるのは雲がないとできません。しかし亢龍は、現役の社長さんから引退して息子さんや後継者に譲ったとしても、会長とか相談役としての役割においてはまだ天にいるのです。そうした勇退した龍には、出すぎず、甘い雨を降らせるという意識を持っていただきたいのです。

ゆるやかに亢龍になるための心構え

先ほど昇りつめた龍は降るしかない、陽が強くなりすぎると雲を失うといいました。季節というのは春夏秋冬で循環していますが、それが常態です。ところが、春夏冬はいらないから、いつもいつも豊年豊作の秋の刈り入れが続くといいと思う人もいるわけです。これを易では「変態」といいます。

これは失墜する亢龍にあたります。では、なぜ変態になってしまうのかというと、今あるものをすべて味わい貪《むさぼ》り、食い尽くそうとするからです。しかし、それはいけません。

ちょっと極端ないい方になりますが、儲けることは必要ですが、儲けすぎてはいけないのです。儲けすぎないように、縄張りを張りすぎないように、何事もすぎたるは及ばざるがごとしです。そういう中庸の精神、惜福の精神が必要です。

一人勝ちのような圧倒的な勝利は、長い目で見ると負けにつながっていきます。最高の関係は共生です。お互いに生かし合う関係です。

また、飛龍は強力な磁石のようなものですから、ゴマスリ、ご機嫌とりなどのいわゆる取り巻きが増えがちです。

私が飛龍だとします。たくさんの人がやって来ます。その時に、ゴマスリの人を喜んだり、ゴマスリの人を受け入れたり、苦言を呈する人を嫌うといった自分であるとしたら、まともな人は自然と遠ざかります。当然小人が多く群れるわけです。本当に自分を客観視したり、確乎不抜の志を忘れてしまうと、当たり前のようにそうなっていきます。

陽が強くなりすぎると、自分にとって嫌なことをいう、嫌なことを気づかせようとする人や部下を遠ざけ、左遷するようになります。

そして権力や権威に媚び諂《へつら》うイエスマンばかりを重用して、幹部や役員に出世させてしまいます。トップの私がそういう人を好み、苦言を呈する人を嫌う結果として、そうなってしまうのです。

夏目漱石がこういう言葉を残しています。

「無能無才の小人ほど、いやにのさばり出て、柄にもない官職に登りたがるものだ」

要するに、もし自分を見る目を忘れたら、ゴマをすって権力に媚びて何とか得をしようとする人たちが、甘い砂糖に群がるアリのように集まってくるのです。飛龍には、それがとても心地よくなるのです。

自分を見るのは勇気のいることです。嫌な自分が見えてくるからです。だからこそ、独りを慎むことがとても必要なのだと易経は教えています。

【繫辞下伝】

「子曰く、幾《き》を知るはそれ神か。君子は上と交りて諂《へつら》わず、下と交りて瀆《けが》れず、それ幾を知れるか。幾は動の微にして、吉の先ず見《あらわ》るるものなり。君子は幾を見て作《た》ち、日を終うるを俟《ま》たず」

この「幾を知る」ことがなぜできるかといえば、兆しが現れた時に即座に事をなすからです。そのためには、チャンスが来たらすぐに実行するという準備をしておかなくてはいけません。そうしないと、このチャンスをふいにしてしまうことになるわけです。

そのチャンスをつかむためには、リーダーは常に自戒をし、上に弱く媚び諂うようなイエスマンが幹部になることのないように常に警戒していなければいけないのです。そういった人たちは「上交して諂わず」「下交して乱れず」の逆を行っているのです。そういう人が取り巻きにいると、兆しをつかむことができなくなり、亢龍になってしまうのです。

易経では、変化は必ず緩やかな変化です。一見急激な変化が起こるように見えても、必ずそれには兆しがあります。よく観れば、何度も何度も兆しが生じています。それが積み重なって飽和状態に達した時に、現象面として変化が起きるのです。現象となって現れる前から陰も育ちますし、陽も育っていきます。すべて循環してスパイラルのように動きがともなっていきます。

亢龍になって極まる時も、緩やかな極まり方です。満月が新月になるのは自然の衰退です。年をとって死んでいくのも自然の衰退です。ただし、急激な失墜、急激な変化、急に会社が倒産するような危機に陥った場合は、それは天の災いではなく人災であると書かれています。それはすでにお話ししたとおりです。

良寛さんの言葉があります。

「災難に逢時節には災難に逢うがよく候、死ぬ時節には死ぬがよく候」

ある人が「災難にあわないためにはどうしたらいいですか」と良寛さんに聞いた時の答えです。目指すのは、同じ極まり方でも緩やかな極まり方です。

「爻《こう》」という字は「陰と陽が交わる」という意味もありますし、「変化」「効《なら》う」という意味もあります。一番下から、初爻、二爻、三爻、四爻、五爻、上爻と数えます。飛龍は五爻、潜龍は初爻、そして亢龍は上爻です（133頁参照）。

上爻は本来、無位無冠の帝王なのです。位もない冠もない無位無冠の帝王が本来の上爻です。ですから「老龍、天にありて、甘雨を降らす」「災難に逢時節には災難に逢うがよく候、死ぬ時節には死ぬがよく候」というのが上爻である亢龍のあり方です。

俳人の加藤楸邨《しゅうそん》にこんな句があります。

「枯れゆけばおのれ光りぬ冬木みな」

枯れていった時の最後の冬木ほど輝きを増したものはない、という意味です。これから発展するわけではなく、次代を担っていく若い力を育てていくことが最もすばらしい。それが老龍を輝かせることになります。それこそが亢龍の役割です。

群龍の用い方

最後に群龍の話をしたいと思います。群龍とはなんでしょうか。

「乾為天」の最後、用九のところに書かれています。

「(用九)、群龍首なきを見る。吉なり。象に曰く、用九は、天徳首たるべからざるなり」

用九というのは「九の用い方」という意味です。「九」とは陽のことでした。陰は「六」でしたね。

つまり、「群龍首なきを見る。吉なり。象に曰く、用九は、天徳首たるべからざるなり」は陽の用い方について述べている文章です。陰の用い方であれば、用六になるわけです。

ここで教えているのは、段階の話ではありません。段階というのは、潜龍から見龍になり、「君子終日乾乾」、そして躍龍になり、飛龍になって、亢龍になる。これが一めぐりの循環です。ところが、用九というのは「乾為天」にしか書かれていません。用六は「坤為地」にしかありません。

この用九はどういうことか、ご説明します。

もともと「乾為天」の卦は六つの龍でできていて、雲を起こして雨を呼ぶ勢いがあります。この乾の時は、力があったり、健やかだったり、物事を推進していったり、賢いとか、実力があるという意味になります。「乾為天」はすべてが陽でできていますから、そういった能力のある人たちが集まってくる時でもあるわけです。多くの実力のある人たちが結集して、事を為す時です。大きな事業を起こす時です。

そこで想像していただきたいのですが、そういった実力のある人がたくさん集まると陥りがちなこととはいったいなんでしょうか。それは各人に力があるために、どうしても競争したくなるのです。競争の原理が働きがちになるのです。

力のある人たちが束になって、一致団結してひとつの方向を目指したとしたら、とてつもなく大きな仕事ができるはずなのに、そうはならず、競争して足の引っ張り合いになる場合もあります。

先ほど器量と度量の話をしましたが、器量のある人たちばかりが集まって競争したらどうなるかというと、やはり自分がトップになろうとして、力をそのことに使ってしまうのです。

それはとてももったいない話です。陽の力を発揮することにならないからです。相互に足を引っ張り合うようになる。だから「群龍」と書いています。

この能力のあるたくさんの龍が勢いを持っている時の陽の用い方というのは「首な

きを見る」、つまり首を出してはいけない、頭を出してはいけないというのです。

先ほども説明しましたが、龍の鋭い爪、牙はすべて首にあります。だからその首を布で覆い隠しなさい、と教えているのです。威厳とか逆鱗は人々には好かれません。ですから、雲の中に首をいつも隠すようにしなさい、雲と共にいなさい、というのです。龍が書かれた墨絵を見るとわかりますが、龍は必ず雲と一緒にいます。雲が一緒にいないと龍は力を発揮することができないのです。

それが用九の教える陽の用い方です。

では、雲の中に首を隠すとは、具体的にはどういうことでしょうか。

たとえば、シェア争いが目的になってはならない、シェアが一番になるために競ってはならないということです。何かをすることで世の中にひずみやゆがみが出るのであれば、それを必ずしも実現させる必要はないと易経はいっています。むしろ、大義がなければ資本力を武器として万物に害を及ぼすことになってしまいます。長い目で見たら、必ずそうなるのです。

もし国を憂うる企業であれば、国家の経済、文化、教育の発展のように、地球の未来につながることをするべきです。そのようであれば大義になります。大義とは、企業であれば社是といい換えても構いません。

亢龍にならないためには、苛烈《かれつ》な争いを防いで雲から頭を出しすぎないようにする。ステークホルダーを生かして育てるようにする。健全な経済活動とは企業のステークホルダーのみならず、次代を担う若者、地球の未来、自然の運行、つまりは百花草木ことごとくをその特性を生かして育てるものであるべきです。「品物形を流《し》く」ということにつながっていかなくてはいけないのです。それを考慮に入れてはじめて、すべてが循環するようになるのですから。

用九とは、天の法則です。天の法《のり》であるといっています。自分の中で陰を生み出していくことによって、陽が極まらない、陽だけに偏らない。それは微妙な調合です。陰と陽は自由に調合されてしかるべきで、尺取虫にたとえたように、屈することができるから伸びることができるのです。

さて、これで龍の話は完結しました。潜龍から見龍、そして「君子終日乾乾」を経て躍龍となり、ついに飛龍となって世の中に恵みの雨を降らせます。その飛龍もやがては降り龍の亢龍となります。それぞれの龍に大切な役割がありました。焦ることなく、出すぎることなく、あるいは躊躇《ちゅうちょ》することなく、それぞれの段階の役割をまっとうすることによって、人生はより輝かしいものとなっていきます。

繰り返しになりますが、易経はまだ学問的な解釈が定まっていません。そのため私は私の読み方で易経の教えていることをお伝えしています。しかし、私の読み方がすべてではなく、むしろ、みなさまがご自分の目で易経の本文をじっくり読んでいただくことによって、それはみなさまご自身の易になります。ですから、ぜひともご自分の目で易経の本文を読み、そこに書かれていることを身近な事柄にすり合わせて解釈していただきたいと思います。

そうすることによって、易経はみなさまの人生の実に心強いアドバイザーになってくれます。いい方を換えれば、お一人お一人が易経において一流を立てていただきたいと思うのです。そこから、よりダイナミックで、社会に役立つ生き方を見つけ、創り出していっていただきたいと思うのです。

第九章

さまざまな卦が教える生き方の知恵

前章までは龍の変遷過程をたどりながら易経の見方・読み方を説明してきました。それは主に「乾為天」という卦を中心に進めてきたわけですが、易経には「乾為天」以外にも六十三の卦があります。それらの卦は相互に関わり合い、繋がり合っているものです。そのため、「乾為天」ひとつをじっくり読むことによって、ほかの卦も必ず読めるようになるのです。

ここでは、「乾為天」以外の卦の中からいくつかを選んで、それが何を教えているのかを簡単に見ていきたいと思います。

「火天大有」――大きく組織を保つ心得

「火天大有《かてんたいゆう》䷍」は古くからリーダーの徳を賞賛している卦です。飛龍の時には陰を自分の中に生じさせなければならないと説明してきましたが、その陰を具体的に生じさせたのが、この「大有」です。大有の爻《こう》を見ると、「乾為天」の飛龍の位置である五爻だけが陰に転じています。つまり、飛龍が自らの中で陰に転じたものが「火天大有」という卦なのです。

「大有」とは「大いに保つ」という意味ですが、これには「小が大を保つ」という意味もあります。陰陽で分けたら小は陰、大は陽です。そして、「火天大有」では五爻だけが陰、すなわち小になっています。つまり、五爻にある小が残りの五本の大を保つという意味になるわけです。

なぜ保てるのかは飛龍が陰を生じさせる話からもお気づきだと思います。実力、器量というのは陽でした。力がないのは陰でした。すると、この卦で力がないのは飛龍の位置にある五爻だけで、他はすべてが五爻に比べると力があることになります。

なぜ実力のない王様（飛龍）が賞賛されたのでしょうか。それは「小が大を保つ」からです。結論からいうと、王様（社長）は、一つひとつの技や力で競う必要がないといっているのです。まわりに力のある賢人たちが集まっているのですが、その人たちと競う必要はないのです。

それぞれの職域の人たちよりも社長が優れている必要はありません。むしろ能力のある人たちが社長のまわりにたくさんいればいるほど、会社は伸びます。社長は、その一人ひとりに力で劣っていても構わないし、むしろ自分以上の技術者や自分以上の力を発揮する人たちがまわりにいたほうがいいのです。そういう社長は能力がないのではなくて、「大いに保つ能力がある」といっているのです。なぜならば、その職域において一人ひとりの賢人たちの力を十分に発揮させることができるからです。

乾為天の卦にあった「品物形を流《し》く」ことができればいいのです。それが飛龍の働きです。自分の中で陰を生じさせて、何よりもわが社の一人ひとりの人材の性と命を形づくって能力を発揮させる。本来持てる力をあますことなく育てて開花させる。これが五爻の役割です。五爻が陰になっているからこそ「大いに保つ」のであり、「火天大有」がすばらしいという意味なのです。

「水地比」――王もって三駆して前禽を失う

「水地比《すいちひ》䷇」という卦は、ちょうど「火天大有」の陰と陽がひっくり返った形になっています。「火天大有」の場合は「元《おお》いに亨《とお》る」と書かれて賞賛されているのですが、「水地比」は「吉にして咎《とが》なし」（吉です。咎めはありません）と書かれています。この違いはどこにあるのでしょうか。

「水地比」は「火天大有」の逆ですから、社長だけに能力があって、まわりの人たちがどうしても社長に勝てないという状況です。社長は大忙しで、まわりのみんなから信頼され、賞賛され、大切にされます。しかし、社長の能力が優れすぎているために、まわりがなかなか育ちません。

「火天大有」では、社長に任せておくと大変だから、まわりは必死になって頑張ります。ですから、社長がしばらく入院しても業績は上がります。社長は社員を信頼して能力開花に努めていますから、信頼関係もできています。

しかし、「水地比」では社長がうっかり寝込めません。自分に最高の能力があるのですから、社長はどうしても頑張らなければなりません。従業員一人ひとりには尊敬され大切にされますが、これは危うい状態です。だから、悪くはないけれど「火天大有」よりは落ちるよ、と書かれているのです。

その「水地比」の中に「王もって三駆して前禽《ぜんきん》を失う」という言葉があります。これは殷王朝（商王朝）の初代の湯王《とうおう》という人の言葉です。狩りに行って獲物を追い込んだ時に、湯王が「残りの三方は囲んでおいて、一か所だけ自由に逃げることができるようにしなさい。それでもなおわが手にかかる獲物であればすべていただきましょう」といったことに由来します。これは「天子は囲みを合わさず」という言葉と同じ意味です。

「水地比」の王様は非常に能力のある王様です。こういった能力のある王様は何に気をつけなくてはならないのでしょうか。

水地比の「比」は人間が同じ方向を見て並んでいる姿で、そこから「親しむ」という意味があります。しかし、方向を逆にすると「反発し合う」という意味にもなります。つまり、王様にどんなに実力があっても、陰をないがしろにしてはならない。そして仕事ができない人を追い詰めてはならないのです。それが「天子は囲みを合わさず」です。四方八方塞がない、逃げ道がなくなるまで追い詰めないという意味になります。

自分には力があるからといって、弱い者に対して肩を怒らせてはならないといっているのです。

「火風鼎」――リーダーに必需の黄金の耳

「火風鼎《かふうてい》䷱」にはこうあります。

「鼎《てい》は元いに吉《きつ》にして亨る。彖《たん》に曰く、鼎は象なり、木をもって火に巽《い》れて、亨飪《ほうじん》するなり」

鼎は三本足の器をいいます。初爻が足です。その上の三本の陽爻が器を表しています。陽爻であることは、中身は空っぽではなくおいしい食べ物が大量に詰まっていることを示しています。五爻は鼎の耳です。一番上は鼎の紘《つる》を表しています。この鼎を火にかけて煮炊きをするのです。

鼎《かなえ》は、もともと王位の象徴です。天がその王朝に権威を授けたことを象徴しているのです。ですから、聖なる器、聖なる道具です。

「鼎の軽重《けいちょう》を問う」という故事があります。春秋時代になると周王朝の権威が衰え、諸侯が力を強めていきます。中でも急激に力をつけてきたのが南方の蛮族の国、楚です。その楚の荘王が周の都の郊外で、「周王朝の鼎はどのぐらいの重さだね、どのぐらいの大きさだね」と聞きました。これが「鼎の軽重を問う」という故事です。

実はこれ、「王朝の権威の象徴である鼎を周から奪って楚に持って帰るのに、どのくらいの人数が必要か」と聞いているのです。つまり、「周王朝を滅ぼして楚王朝にしてしまうぞ」と脅しをかけているわけです。現代風にいえば、「鼎の軽重を問う」とは、経営者の実力を疑って「M&Aにかけるぞ」といっているのと同じです

饕餮紋鼎（東京国立博物館所蔵）

この火風鼎という卦は、鼎の軽重を問われないための方法を教えています。その方法とは、先祖、天帝、神様をまつるよりも生きている聖人賢人を養いなさい、というものです。それが一番大切なことだとはっきりと書かれています。

当時の聖人賢人というのは情報や知恵の宝庫で、世界の情報を運んできました。王様の知らないことを教えてくれる貴重な情報源でした。先帝をまつることも大

切だけれど、それ以上にその人たちを大切にしなさいというのです。

五爻には鼎の耳があります。鼎は大きいので絃《つる》を耳に通して運びます。もしこの耳が壊れていたら、中のご馳走はひっくり返ってだいなしになってしまいます。だから耳はしっかりしていないといけません。この耳の位置にある五爻は王様の立場、リーダーの立場、飛龍の立場です。したがって、王様は聞く耳がしっかりしていないと駄目ですよ、といっているのです。

古くから聞く耳があることを「黄金の耳」と呼んでいます。要するに、自分にとって耳の痛い苦言を呈してくれる大人を養うとともに、「声なき声を聴く」姿勢を持つことが鼎の軽重を問われないための方法だと火風鼎は教えているのです。

「地天泰」と「天地否」——急激な傾きは人の災い

「地天泰《ちてんたい》☷☰」と「天地否《てんちひ》☰☷」は上三本と下三本の爻が正反対になっています。「天地否」は上に天（陽）があって、下が地（陰）になっています。「地天泰」は上に地（陰）があって下に天（陽）があります。「地天泰」の「泰」は「安泰」という意味で、「天地否」の「否」は「塞がる」という意味です。

これは変だと思いませんか。本来、天は上にあり地は下にあるのだから「天地否」のほうが自然ではないかと考えます。ところが、易経は「地天泰」が安泰で、「天地否」が塞がるといっているのです。

これはなぜかというと、「天地否」は上に昇る天の気が上にあって、下へ下へと降る地の気が下にあるから、上は上を見っぱなし、下は下を見っぱなしとなるために通じないのです。会社でいえば、経営者層は自分の会社が儲かることだけを考えて従業員をできるだけ安くこき使おうとするし、従業員はできるだけさぼってたくさんの給料をもらおうとする、という状況です。意思の疎通が失われている状態です。

一方の「地天泰」は、下を目指す地が上にあって、上を目指す天が下にあるため、「通じる」という意味になるのです。

ところが面白いことに、「天地否」は最初は塞がって通じないのですが、塞がっているものはやがて通じるようになるといいます。

逆に「地天泰」は、最初は通じるから安泰で非常にいい状態ですが、「平《たいら》かなるものにして陂《かたむ》かざるはなし」で、後半になると「城、隍《ほり》に復《かえ》る」と、お城が損壊していくと書かれています。どうしてそうなるかというと、「存して亡ぶるを忘れず」を忘れてしまうからそうなるのだ、というのです。まるで亢龍の話と一緒です。

では、それに対してどう備えればいいのか。まず安泰な時、順風の時、平時は、自分の会社の中にいる中間管理職、順調に育って能力を発揮している人に任せればたいがいうまくいくといいます。ところが平時ではない時、泰平窮《きわ》まって動乱におもむくような時は、そういう人々の力では決して乗り越えられないような事態が起きる。過去の成功体験が何の役にも立たなくなる。その時は改革の新しい力は必ず下から起きてくるから、謙虚になってその下の人たちの力を上手に借りなくてはならないといいます。

「地天泰」の卦は、平時に力を発揮する人と乱世に力を発揮する人は違うことも教えているのです。

「沢雷随」――強者が弱者に従う時

「沢雷随《たくらいずい》䷐」は「従う」そして「従わせる」という意味を示している卦です。

「沢雷随」という時の流れの特徴は何かというと、「本来、強い者が弱い者に従う、従わされる」時を表しています。つまり、大が小に従う時を示しています。

舞台にたとえれば、本当は自分のほうが演技力があるのに人気スターが主役をとっているような状況です。そのスターは演技は下手で役者などとはとてもいえないけれど、人気があるから主役になっている、というケースです。こういう場合、ベテランの実力のある役者さんは、プライドが傷つくものです。「沢雷随」は、そういう力のない人に実力のある者が従う時なのです。

ところが、この「沢雷随」が何を教えているのかというと「従わせ方」なのです。「今は従う時ですよ」といい、その構造まで書かれているのですが、結論としては「従わせ方」を教えているのです。

では、その従わせ方とは何かといえば、「従わせるためには従いなさい」と書いてあります。これは尺取虫が身を屈めて伸びるのを連想させられるのです。

「沢雷随」の時なのに、自分のほうが力があるからといって「時」の勢いを持っている人を無理に従わせようとしたら、自分が駄目になります。ここで必要なのはしなやかさです。まずは従うこと。従うことによって相手を従わせることができる、というのです。

なぜかといえば、すべてのものは変化していくからです。変化しないものは何ひとつとしてありません。今は従うべき時かもしれないけれど、それを受け入れることによって、時がまためぐりめぐって、やがて従わせることができる時がやってくるのです。

「沢雷随」の教える従わせ方は、竹がしなるように、まずは自分が柔らかくしなやかにしなりなさいということです。しなるというのは、一度死ぬという意味です。一度死んで伸びる。だから繋辞下伝に出てくる尺取虫の屈伸の話「尺蠖《せきわく》の屈するは、もって信《の》びんことを求むるなり」そのものだと思うのです。

では、何に従うのでしょうか。「沢雷随」は、時の勢いのある相手に従えとはいっていません。力のない人に力のある人が従うのではなく、「時に従いなさい」というのです。今はそういう時だから、その時に従いなさい。それによって、やがて時を従わせることができるようになる、と教えています。

「艮為山」――君子終わりあり

「よく言う者はあれど、よく為す者は少なし。よく為す者はあれども、よく久しうする者はさらに少なし」――これは安岡正篤《まさひろ》先生がおっしゃった言葉だそうですが、易経の「艮為山《ごんいさん》䷳」の卦でいっている「君子終わりあり」と同じ意味です。

「艮為山」は君子の卦といわれています。この卦が教えているのは「止まる」ことです。「君子に終わりあり」というのは「有終の美」という言葉の出典ともなっています。これは「君子は終わってしまう」という意味ではありません。「君子は終わりまで志を変えない」という意味です。君子は終わりまで志がある。君子は終わりまで至誠がある。君子は終わりまでそれを崩さない。それが「君子終わりあり」です。

躍龍から飛龍になったばかりの頃は、感謝して謙虚に一所懸命尽くそうとします。ところが、やがてうまくいくのが当たり前になってしまうと「終わり」がなくなってしまうのです。ハッと気がついた時には、潜龍の志は変容しています。しぼんだり、違ったものになっています。

しかし、君子はそんなことは絶対にないといっているのです。志に止まる。あるべきものに止まる。自分の分に止まる。それが「君子終わりあり」です。「よく言う者はあれど、よく為す者は少なし。よく為す者はあれども、よく久しうする者はさらに少なし」。「終わりある」というのは、それを久しく止めるということです。そのためには、いつも初心を忘れないことです。いつも潜龍元年、気がついた時が潜龍元年、毎日が潜龍元年です。いつも独りに返って独りを慎む。それによってまた出発することができるのです。

「風地観」——見えないものを観る洞察力

古典には「徳」という字が何度も何度も出てきます。易経の中には「君子の徳」ですとか「徳の修養」という言葉が出てきます。「徳の修養」といったら「徳を修める、徳を養う」という意味ですが、「徳って何？」と改めて聞かれるとちょっと話しづらくなります。

この「徳」の字は「行い」＋「直《まっす》ぐな心」で必ず実行がともなうという意味になりま

す。「直」の字は「真っ直ぐ」と「目」が組み合わさった字に「衝立《ついたて》」をつけたものです。「衝立に隠されているものを真っ直ぐ見る」という意味があります。真っ直ぐ見ることによって見抜く。そこから「洞察力」という意味も出てきました。

もうひとつ目がついている文字に「省」という字があります。これは「目を細めて（少し）見る」という意味です。そこから、ある一定の地域や国、村や町、あるいは集団に対して巡回視察を行うという意味が出てきました。

古代においては今と違って情報量が少ないため、新しい土地、知らない国、または敵の国の様子がわかりませんでした。そして、そういうわからない土地には、その土地に住む民族を守る何らかの力、神様がいるはずだと考えられていました。その神は民族の神であって、他国の自分たちにとって凶凶《まがまが》しいものかもしれない。そこで、一国を治めるものが民の安全を守るためにいろいろな所を巡回視察して、凶凶しいもの、危険なものをできるだけ押さえ込む役割を担っていたのです。

目の力によって凶の力を封殺する。敵国を守っている土地の神様の力を封殺する。目力、眼力などといいますが、目にはそういうパワーがあったのです。

そこから、目が組み合わさってできている「徳」という字そのものが「パワー」とか「力」という意味を持つようになりました。

「風地観《ふうちかん》䷓」という卦の中には「国の光を観る」という言葉が出てきます。これが「観光」の出典になっています。この「観光」ですが、本来の意味は、国の王様が自分の国がきちんと治められているかどうか、自分の政治がきちんとできているかどうかを巡視、査察するために行われたものです。昔は狩りの形を借りて国の隅々まで出かけ、そこの地に住む人々の表情、農作物、家々の状態、土地の状態などを見て、民が苦しんでいないか、幸せにきちんと暮らしているか、王様の徳が伝わっているかなどを省察したのです。

また、「風地観」は、「遍《あまね》く広く地上を吹き渡っていく」という意味があります。地上の万物はすべて風に吹かれています。その風は私たちの目からは見えませんが、感じることはできます。風によって旗がひらめいたり草木がなびいたり、私たちの頬《ほお》に風が当たって「今日は風がある」と感じることができます。風はどこにでも入り込んでいきます。地上のものを風がサァーッと吹き散らすことによって、隠されていたものが見えてきます。風には形はありませんが、感じることのできるものです。

そして「観」ですが、「風地観」の最初にはこう書かれています。

「観は盥《てあら》いて薦めず。孚《まこと》ありて顒若《ぎょうじゃく》たり」

この「観」には「洞察力をもって見る」という意味がありますが、ほかにも「示す」「見られている」という意味があります。

もともと「観」には「鳥の鳴き声」という意味がありました。鳥の鳴き声を聞いて鳥の存在を知ったり鳥の状態を知ったりするのです。それは「心眼」というものだというのです。心の眼で見る。要するに洞察力です。「内観」というものでもあるといいます。内に潜んでいるものの本質、力、方向性を洞察力で察知するのです。

「観は盥《てあら》いて薦めず」とありますが、「盥」という字は皿の上に水が乗っています。そして、その水で手を洗っている形を表しています。「薦める」とは「供え物をする」という意味です。ここでは「薦めず」ですから「供え物をしない」ことになります。

そこから、ここの文章は「王様が天をまつる時に誠心誠意の心があれば供え物が足らなくても天に通じる」、むしろ「供え物でごまかさず、誠心誠意の心をつくす」というような意味になります。

「観」に「示す」「見られている」という意味があるといいましたが、それを表しているのが「下観て化するなり」という言葉です。

たとえていえば、こういうことです。会社の業績が上がっていなくても、社長が本当に一所懸命になって、社会のため、お客様のため、従業員のため、得意先のために喜んでもらえるだけの商品をつくろう、そういう会社にしようと誠心誠意努力すれば、「下」の部下や従業員はそれを見て化けるというのです。

口でどんなにきれいごとを並べても、行動がともなわなければバレてしまうものです。何もいわなくても、働く姿やその背中に誠は表れるものなのです。「顒若《ぎょうじゃく》」というのは、その誠がしっかり表れるという意味です。

そういう本当の誠を見ることによって、社員は感動して、理屈抜きで心が通じる。そして知らず知らずのうちに化けていくというのが「下観て化するなり」です。ここから、見られるという意味や、見ている人々に自分を示すという意味が出てきたのです。

「火水未済」と「水火既済」――創業と守成

「未済《びせい》」（火水未済《かすいびせい》䷿）は易経の最後、六十四番目の卦です。その前に来るのが

「既済《きせい》」（水火既済《すいかきせい》䷾）です。

「既済」というのは「既に済《ととの》った」という意味です。「未済」は「未だ済わず」です。面白いのは、易経の最後が「既済」ではなく「未済」で終わっている点です。これは易経が終わらず、循環していくことを表しています。

「済」という字は「大きな川を渡る」という意味です。古代において大きな川を渡るというのは大変な危険をともなう行為でした。ですから易経の中には「大川を渉《わた》るに利《よ》ろしからず」「大川を渉るに利ろし」といった言葉が出てきます。

「大川を渉るに利ろしからず」というのは、「これはたいへん困難をともなうから渡ってはいけない」「それをしてはいけない」という意味になります。

「大川を渉るに利ろし」というのは、「簡単にできる」という意味ではなくて、「大きな川を渡るぐらいの冒険であり困難であり危険をともなうけれど、それでも渡って大丈夫、必ずやり遂げることができる」という意味になります。

「水火既済」の卦の最初を見ると「既済《きせい》は亨《とお》ること小なり」とあります。この卦には「大川を渉るに利ろし」という言葉は出てきません。なぜならば「既に済っている」

つまり「既に渡ってしまっている」からです。すでに完成しているのです。「既済は亨ること小なり」は、「そういう時の状況に置かれていたら通ることは少ないですよ」という意味です。大いにやってよろしいという意味ではありません。

次に「貞に利ろし」とあります。これは「慎重に警戒して守るのがよろしい」という意味になります。そして「初めは吉にして終わりは乱る」とありますが、これは「一旦済ったものは必ず時と共に乱れていく」という意味になります。

「火水未済」はどうでしょうか。まず「未済《びせい》は亨《とお》る」と出てきます。そして「小狐汔《ほと》んど済《わた》らんとして、その尾を濡《ぬ》らす。利《よ》ろしきところなし」とあります。

これはどういうことか、イメージしてみてください。狐が川を渡る時、必ず尾っぽを上げて渡ります。尾っぽは狐にとってアンテナの役割をします。狐の尾っぽはふさふさしていますから、濡れたら重くなって体力を消耗して途中で渡れなくなってしまいます。だから、狐は川を渡る時は必ず尾っぽを上げて渡ります。

ところが、親狐とか大人の狐であれば筋力があるので尾っぽを高く掲げて最後まで川を渡りきることができるのですが、小狐は筋力も体力がないので尾っぽを上げて渡りはじめても途中で力が持続できなくなってしまいます。少しずつ尾が下に下がっていって、ついに水に濡れてしまいます。そうすると尾っぽが重くなって、ますます体力を消耗して、渡りきる前に溺《おぼ》れてしまうことになります。

だから、小狐が川を渡るのはたいへんなことで、渡れっこない、といっているのです。でも「未済は亨る」と書いてあります。そんな小狐でも渡る方法がある、というのです。ここから私たちは創業の精神について学ぶことができます。

「未済」はまだ渡っていないのですから、創業したての会社のようなものです。そういう会社は成功するか失敗するかまだわからないのですが、創業に失敗しない道があると易経は教えています。

大人の狐であれば、川を渡るために何をすればいいかすべてわかっています。でも、小狐は何も知りません。そこで易経は「まず自分には力がないということを知りなさい」といっています。ただし、力はないけれど、確平不抜の大いなる志は必要です。小狐は潜龍の志を持たなくてはいけません。

そして次に、その志を成就させるために謙虚に学ぶことです。先人の知恵に、先達者に学ぶわけです。力もないのに焦って渡りはじめるのでなく、自分に足りないものを、時間をかけて謙虚に学ぶのです。それと同時に体力や筋力をつけていく必要もあります。

謙虚に学ぶ姿勢があれば、必ず指導者が現れて教えてくれると易経はいいます。その教えを一つひとつ吸収して、力がついたかどうかをチェックしていく。そして、時が来たと察知すれば、そこで十分に警戒しながら、でも勇気をもって果敢に渡りはじめなさいと書かれています。

思い出してください。これは龍の変遷過程と同じです。あのようにして進んでいけば、「未済は亨《とお》る」のです。未済の四爻がそれを教えています。

「(九四)、貞なれば吉にして悔亡ぶ。震《うご》きてもって鬼方《きほう》を伐《う》つ。三年にして大国に賞あり」

「鬼方」は蛮族です。「大国に賞あり」は「大国として賞賛される」という意味です。したがって、これを意訳すると「本当に力をつけながら着実にいけば、後悔がなくなってうまくいくことができますよ。大いなる勇気をもって積極果敢に前進しなさい。そうすれば三年で渡れますよ」というような意味になります。易経が創業の成功を保証してくれているわけです。

「未済」はまだ川を渡っていない状態です。こちら岸から向こう岸にこれから渡ります。

それに対して、「既済」はもう向こう岸に渡り終えた状態です。そこで、向こう岸から過去に渡ってきた場所を振り返ってみましょう、というのが「水火既済」の形になっています。

「未済」で「三年にして大国に賞あり」と書かれていた場所は下から四番目、四爻でした（290頁参照）。「既済」は渡りきっていますから、今度は上から下へ四つ進んだ場所を見ます。三爻のところです。何が書かれているでしょうか。

「高宗鬼方《きほう》を伐つ。三年にしてこれに克《う》つ。小人は用いることなかれ。象に曰く、三年にしてこれに克つとは憊《つか》れたるなり」

高宗というのは殷王朝の中興の祖である武帝のことで、大国の王様です。大企業の社長です。その高宗武帝が鬼方を伐ちました。そして「三年にしてこれに克つ」、三年で勝ちました。同じことを書いているようですが、同じではありません。

小狐が三年で大国に賞せられるというのは、三年で無から有を生み出したわけです。

それは大国に賞せられるぐらい勢いのあることです。

ところが、もう既に力のついた立派な国が「鬼方を伐つ」、つまり新しい冒険をする場合は、三年で勝つことはできるのですが疲れてしまう、というのです。「三年もかかって疲弊する」というのです。

するとどうなるかというと、四爻に「繻《ぬ》るる時衣袽《いじょ》あり。終日戒む。象に曰く、終日戒むとは、疑うところあればなり」とあります。

これは大きな船のメンテナンスがうまくいっていなくて、あちこちに穴があいて水がしみこんでくるから慌ててあたりにあるボロ切れやボロ雑巾《ぞうきん》で穴を塞ぐけれど、塞いでも塞いでもまたしみてくる、というような意味です。

つまり、ここで守成の重要さが語られているのです。すでに渡ったものはその力に驕ることなく、今の状態をどれだけ長く保てるかを慎重に慎重に警戒していかなくてはならない、と教えているのです。

創業時は時の勢いがあります。謙虚に学ぶという姿勢さえ忘れなければ、必ず物事は成就します。助けてくれる人も出てきます。でも、もうすでに成った組織は社会的に磐石《ばんじゃく》だと思われていても、「存して亡ぶるを忘れず」の精神を忘れたら、いつの間にかボロ船となって沈んでいくのですよ、といっているのです。

「未済」は創業について語り、「既済」は守成について語っているとは、そういうわけです。

「風山漸」——君子はゆっくり着実に成長する

「漸」という字は「ようやく」とも読めます。「ゆっくりと徐々に進む、順を踏んでだんだんに進む、着実に進む」などの意味があります。もともとの意味は、さんずいがあるところから「水際を水が浸していくようにゆっくりとだんだんと進む」というものでした。

「風山漸《ふうざんぜん》䷴」は山の上に風が書いてあります。この場合の風は「樹木」ととらえます。つまり、風山は「山上の樹」です。

自分が高い山の上に生長していく樹になったとイメージしてください。山上の樹は平地の樹と違って、まず風あたりが厳しい。ともすればなぎ倒されそうになります。ですから、上に伸びる前に、まず地中深く根をしっかりと張らなければいけません。

急がずに着実に地中に根を張ります。そしてその後、幹や枝がゆっくりと成長していきます。

また、山上の樹は平地の樹に比べて目立ちます。位置が高いために仰ぎ見られる存在です。

もうひとつ特徴があります。平地の樹はすくすくと育っていく状態がよくわかります。ところが山の樹はなかなか大きくなりません。生長するまでに時間がかかります。ゆっくりと育ちます。しかし、十年か二十年経ってから見ると、びっくりするほど高く立派に育っています。

このゆっくりとだんだんに進むという進み方は、雁の飛び方にたとえられます。雁が飛ぶ時は何十羽もが整然と列をなして飛びます。実に見事に美しく飛んでいきます。

『礼記』の中には、雁のその飛び方に習いなさいという言葉があるほどです。そこから、物事の進め方はすべて順序よく、正しく進めるのがいい、という意味が出てきます。休まず急がず、静かに落ち着いて、ちょうど水が浸すようにゆっくりとだんだんと進める。それは山の樹と一緒ですよ、ということです。

卑近な例でいえば、成功しようと焦らない。早く出世しようと焦らない。早成を求めず、競わない。早く行くよりは遅れ気味で、むしろ控えめに前にならって着実に進んだほうが、逆に育つ、という意味にもなります。ハッと気がついた時には実に見事に大成している。目に見えなくても確実に伸びて、最後は大木になり、人々から仰ぎ見られるような存在になるという意味です。

「君子の徳は風」という言葉が『論語』に出てきます。それも同じ意味です。風は柔らかくて目に見えない。力を押し付けないで風俗を化すのです。この樹木がちっとも育たないと思っていたら、ある時気がつくとびっくりするほどの大木に育っていた。そしてそれを見ることによって、風俗がよくなる。見た人が優しい気持ちになったり、心が洗われたような気持ちになります。

そのような文化的な美しさを含んでいるのが、この「風山漸」という時なのです。求める心が先に先に走ると、必ずつまずきます。ところが静かに時に応じて、そして時を見て進んでいく場合は、そこに間合いが生じます。むしろ自分から間合いをはかってゆっくりと徐々に進んでいくことによって、変じて通じて、久しく行くということになっていきます。これが「風山漸」の意味です。

「地山謙」――真の謙虚さとは何か

易経に見る君子のあり方として、真の謙虚さを教えているのが「地山謙《ちざんけん》☷☶」という卦です。

最初に「謙は亨《とお》る。君子は終わりあり」とあります。ここにも先に説明した「君子は終わりあり」が出てきます。

「天道は盈《えい》を虧《か》きて謙に益し、地道は盈を変じて謙に流《し》き、鬼神は盈を害して謙に福《さいわい》し、人道は盈を悪《にく》みて謙を好む。謙は尊くして光り、卑くして踰《こ》ゆべからず」

「謙」の意味をそのまま素直にとると「へりくだる、控える」、さらに「快い」という意味もあります。「謙」の〝ごんべん〟を〝りっしんべん〟に替えて「慊」という字にすると、まず「快い」という意味が出てきます。それから「快くない、飽き足らない」という反対の意味も出てきます。

私たちは高慢な人を嫌います。謙虚な人にはひかれます。でも世の中には、謙虚であれば必ず好かれてすべて通る、悪いことはないと教えられて、本当はとても傲慢《ごうまん》なのに謙虚なふりをする人も多いのではないでしょうか。それは真の謙虚ではないといういます。

「地山謙」を見てください。上が地で、下が山になっています。山の上に地がありま す。変だと思われませんか。山と平地ならば、山が高いに決まっています。それなのに山が下にあるのはどういうことなのでしょうか。

これは、山が自ら快く地の下にへりくだっている、という状態、意志を示しているのです。本来上にあるべきものが下にある。つまり、うわべだけの見せかけで謙遜《けんそん》しているのではありません、といっているのです。

結論からいうと、快くへりくだるというのは、高くなっている自分に恥ずかしい気持ちがあるのです。たとえば、物事を学べば学ぶほど自分の学びが足りないことを思い知らされます。すると恥ずかしくて、ふんぞり返ってなどいられなくなります。そして、もっときちんと勉強したいという気持ちがおこります。「地山謙」という卦は、こういう気持ちを持った時に本当の謙虚さが出ることを教えてくれているのです。

ふつうならば、頭がよければその利口さを見せたいし、誇りたいのです。出自がいいとしたら、どこどこの名家の出だと誇りたい。過去の実績があれば、その実績を認めてもらいたい。成功者だとしたら、自分の成功体験を人に語りたい。しかし、過去の話をしだすと未来はないといわれるように、自分の過去の成功を知らず知らずのうちに語っている人には将来はないのです。

快くへりくだるという中には、自分が足らないことを知っているからもっと学びたい、もっと自分の徳を積みたいという真の謙虚さがあります。自分はまだまだ恥ずかしい存在だと自覚しているから誇れないのです。

この卦は、君子、リーダーたる者が自らを誇れば逆に侮られることを教えています。反対に、真に謙虚に控えた場合は幸いを得る、とも教えています。したがって、「君子は終わりあり」というのは「その謙虚な態度を終わりまで貫いて崩さない。それが君子なのですよ」という意味になるのです。

「坤為地」――企業不祥事を招く心理のメカニズム

面白いことに、易経には不祥事はなぜ起きるのかということまで書かれています。
それは「坤為地《こんいち》䷁」という卦に出てきます。

「坤為地」は乾為天と対になっている卦です。乾為天は全部が陽の爻で成り立っていましたが、「坤為地」はその反対ですべてが陰の爻で成り立っています。その中の初六に、こう書いてあります。

「(初六)、霜を履《ふ》みて堅氷《けんぴょう》至る。象に曰く、霜を履みて堅氷とは、陰の始めて凝《こ》るなり。その道を馴致《じゅんち》すれば、堅氷に至るとなり」

「霜を履みて堅氷至る」というのは、晩秋の早朝に庭に出てみたら霜がかかっていた。それを兆しと見るのです。つまり、その霜を見た瞬間に、ああ、これは今は踏んでしまったらすぐに消える霜だけれどもやがては厚い氷になるんだ、と気づくのです。「その道を馴致すれば、堅氷に至る」の「その道」とは「陰の道、悪の道」と考えてください。「馴致」は「馴れる」ということです。悪の道に馴れてしまえば、堅氷に至ることになるのだ、といっています。

この部分を「坤為地」の文言伝で見ると、有名な言葉が出てきます。

「積善の家には必ず余慶あり。積不善の家には必ず余殃《よおう》あり。臣にしてその君を弑《しい》し、子にしてその父を弑するは、一朝一夕の故にあらず。そのよりて来るところのもの漸《ぜん》なり。これを弁じて早く弁ぜざるによるなり。易に曰く、霜を履みて堅氷至ると。蓋《けだ》し順なるを言えるなり」

悪い道というのは努力しなくとも簡単に育っていくというのです。馴致というのはそういう意味です。馴らされるということです。

ただし、堅氷に至るのは一朝一夕のことではありません。「臣にしてその君を弑《しい》し、子にしてその父を弑するは」とありますが、現代では、子が父を殺す、下の者が上の者を殺すという事件は頻繁に起きています。しかし、それは突然起きたことではない、といっているのです。「そのよりて来たるところのもの漸《ぜん》なり」ですから、ゆっくりと水際が浸されるように気づかないうちにいつの間にか、でも順々に進んできたのですよ、といっています。山上の樹が大木に大成するのもゆっくり徐々にでしたが、悪の道も決して一朝一夕ではないのです。

「これを弁じて早く弁ぜざるによるなり」そのことをしっかりと押さえなかったという意味です。すると、「易に曰く、霜を履みて堅氷至ると。蓋し順なるを言えるなり」努力しなくても悪の道には簡単に染まっていくといいます。

たとえば子供の万引きなどは、最初の段階で発見されて大いにとっちめられたら二度としなくなるものです。ところが、発見されずにうまくいってしまったとしたら、こんなものかと思ってしまいます。スリルは味わったけれど、怖くはありません。そこに悪い友達がいたとしたら、「おまえ、よくやったなぁ」と賞賛されるかもしれません。すると、その道はとても簡単に育ってしまうのです。そして努力しなくても、もっとうまく万引きできるようになるといっているのです。

さて、これと企業不祥事がなぜ関係してくるのでしょうか。

繋辞下伝に、「拠るべきところにあらずして拠る時は、身、必ず危うし」とあります。「拠るべきところ」というのは自分のいるべき場所という意味でもあります。「自分がいて当然の位」とか「地位」とか「役職」という場合もあります。

「拠るべきところにあらずして」ですから、「力もないのに地位を望んで手に入れた」のです。ごますりをしたのかもしれません。すると「身、必ず危うし」。

兆しを見る目は決して超能力ではないのだと易経は随所でいっています。兆しは信号のように点滅し、合図を送っている。洞察力があれば観えるものだ、と。

そして吉と凶の分かれ目は悔《かい》と吝《りん》にあるというお話を最初にしました。ある物事が起きた時、それは吉とも凶とも定かではない。しかし洞察力がある人ならば、その物事がなぜ起きたかに思い至り、「これは今改めなければたいへんなことになる」と気づいて、たとえば経営方針を改めたり、防止のシステムをつくりはじめるのです。

もしそのまま続けていたとしたら人命にかかわるかもしれません。企業の存続をゆるがすような大きな不祥事になるかもしれません。いずれにしても、それを悔い改めてやり方を変えるのであれば、すぐに吉にならないけれど、ゆっくりと徐々によい方向に向かって、それが飽和状態に達した時に吉に転換するのです。これが「悔」でした。

一方の「吝」は、それを惜しむわけです。人材がいないとか、経費がかかって、せっかく業績がよかったのに赤字になってしまうとか、改めることを惜しむのです。そうすると、その場ですぐに凶にならなくても、ゆっくりと凶に近づきます。

繋辞上伝には「悔吝を憂うるものは介に存し、震《うご》きて咎なきものは悔に存す」とあります。「震き」とは、心が震え動くということです。ゾッとして、やり方を変えることをいっています。

兆しを見るためには勇気がいります。誰でも、不安はあるけれど、そのままにしておいたほうが……という気持ちに傾きがちです。大きな改革を行うには勇気がいるものです。しかし、そのままにしておけば、いつか不祥事となって取り返しのつかない事態を招くかもしれません。そうなってからでは遅いのです。

いたずらになんでもかんでも怖がる必要はありませんが、健全な警戒心が必要なのです。それによって改めるべきは思いきって悔い改めて、方向転換をして前に進んでいくことができるのです。それが不祥事という悪の道に踏み込まない方法なのだというのです。

「水風井」――井戸に学ぶ危機管理のマネージメント

「水風井《すいふうせい》䷯」は井戸から学ぶ話です。

井戸は泉と違って自然にできたものではありません。人が造った設備です。「井」という字は古字では「丼」と書きました。「どんぶり」とは読みません。これが本来の「丼」という字です。この「丶」がないと本当は井戸の役目を果たさないのです。

なぜならば、この「丶」は釣瓶《つるべ》を表しているからです。釣瓶と吊り糸がなかったら井戸があったところで水は汲めません。これが最も大切なところです。

水風井の卦辞は次のようになっています。

「井《せい》は邑《ゆう》を改めて井を改めず。喪《うしな》うことなく得ることなし。往来井を井とす。汔《ほと》んど至らんとして、またいまだ井に繘《つるべ》せず、その瓶を羸《やぶ》る。凶なり。彖《たん》に曰く、水に巽《い》れて水を上《あ》ぐるは井なり。井は養いて窮まらざるなり。邑《ゆう》を改めて井を改めずとは、すなわち剛中をもってなり。汔《ほと》んど至らんとして、またいまだ井に繘《つるべ》せずとは、いまだ功あらざるなり。その瓶を羸《やぶ》る、ここをもって凶なるなり。象《しょう》に曰く、木上に水あるは井なり。君子もって民を労い勧《すす》め相《たす》く」

最初に「井は邑を改めて井を改めず」とあります。邑というのは村、あるいは国です。ここは「町や都は移り変わっても井戸は変わらない」といっているのです。人間は水がないところでは生きていけません。必ず水のあるところに人は住みます。町を移動することはできても井戸の場所は移動できません。

そして「喪うことなく得ることなし」、井戸の水は汲み上げても尽きませんし、もし汲まなくても溢《あふ》れることはありません。

「往来井を井とす」、井戸はその土地にあるものですから、その水を飲む人が井戸によって養われるのです。そこに来る人そして行く人、万人に井戸の水は与えられます。誰もが利用できるのが井戸です。

「汔《ほと》んど至らんとして、またいまだ井に繘《つるべ》せず」、もし吊り糸が底の水に届くだけの長さがなかったとしたら、新鮮な水を汲むことができません。それでは井戸としての役目をなしません。

「その瓶を羸《やぶ》る。凶なり」、たとえ吊り糸が底の水に届いたとしても、瓶が壊れていたら水が漏れてしまいます。これは凶です。

「彖《たん》に曰く、水に巽《い》れて水を上ぐるは井なり」、昔は木でつくった釣瓶を水に入れて汲み上げていました。それが水風井の教えていることですよ、といっています。

「井は養いて窮まらざるなり」、そういう役割を果たすことによって井戸は人を養って窮まることがないといっています。この井戸は人間社会にとって必要なものです。だから、この井戸の設備から、この井戸の役割から学びなさいといいます。

「邑《ゆう》を改めて井を改めずとは、すなわち剛中をもってなり」、都は移っても井戸の役目は変わることがない。周りの環境がどのように変わっても、たとえ来る人去る人がいても、そこに来た人は必ずその井戸によって養われます。どんな時も冷たい清水が湧き出てきます。

ここから井戸水というものは汲み上げられて人を養うということがわかりました。そして井戸は人が造る設備ですから、必ず管理が必要です。なぜかといえば、吊り糸が届かなかったら用をなしませんし、釣瓶が壊れていたら人を養うこともできません。吊り糸がもし切れてしまったら、同じように成り立ちません。

それから水は澄んで冷たく、清潔で安全なものでなくてはなりません。泥水が混じっていないかどうかをチェックしなくてはいけません。そのためには、底の泥をきれいに攫《さら》って安全な清水がたまるように管理します。

四爻に「井をば甃《いしだたみ》にす」とあります。井戸の内壁がきちんと瓦で固められていないと、汚いものが滲《にじ》み出たり、壁が剝《は》がれて泥が落ちて混じるかもわかりません。そういった管理も必要です。

これを社会を養い人々を養う役割を担うリーダーや企業の問題として考えてみましょう。

会社は広く社会に貢献して人を養うことが役目です。井戸のおいしい水を、わが社のおいしい水（商品）を社会に提供して、人を養うことが役目です。井戸の設備が整っていることによって、地中深くの澄んだ安全なおいしい水が汲み上げられ、広く万人を養います。

誰を養うのか。それは消費者でもありますし、得意先でもあります。組織内の従業員や従業員の家族も養います。もちろんわが身も養います。

そのために一番大切なことは井戸の管理です。いい製品、安全な製品、人々に喜ばれる商品がつくられるところは現場です。経営者が商品をつくっているわけではありません。

したがって経営者には、井戸の設備が管理されているか、井戸の役割を果たしているかどうかをチェックする役割があります。井戸の設備というのは組織の内部のことです。井戸の底は新鮮な清水が湧き出す現場で、瓦で固めた壁は中間管理職や取締役です。社長がその全体を把握していなくてはなりません。

人がつくった設備は必ず老朽化して壊れていきます。これは当たり前のことです。だからメンテナンスをしなくてはならないし、管理をしなくてはならないのです。

それからもうひとつ、人間の心の動きも問題になります。

自然老朽化とは別に、情報を隠蔽《いんぺい》するために吊り糸をわざと切る人もいます。頭のいい人は隠蔽したことがバレるとまずいということで、情報が洩《も》れないように吊り糸にほんの少しだけ傷をつけておきます。すると、吊り糸はしばらく時間が経ってからずるずると切れます。そして、ある時突然、釣瓶は下にボトンと落ちて井戸は役割を果たさなくなり、正確な情報が上に伝わらなくなります。時間が経過しているので誰が吊り糸を切ったのか、わかりません。

また、井戸の底は現場だといいましたが、そこに泥がたまります。泥と砂は違います。砂と水は分離しますから、静かにしておけば底に沈みます。そして上澄みのきれいなところだけを掬《すく》って汲み上げれば問題はありません。

しかし、泥はねちねちとしていて水と混ざり合います。現場は泥《なず》みやすいのです。この泥を私情とか私欲として考えてみてください。組織の人間関係が私情や私欲で泥んできた状態、これがドロドロの水になります。そうすると隠蔽工作や汚職がはじまります。泥がたまって水が濁るのにはいろいろな理由があります。

井戸の設備と同じように、組織内の設備、システム、人間関係、すべてメンテナンスしなければ必ず老朽化します。志ももちろんしぼみますし、変容します。人のつくったもの、そして組織というものは、管理を怠れば必ず腐敗します。人間は堕落します。そしてその次に起きてくるのは事故、事件、不祥事です。権力が一定のところに集中すると必ず組織は腐敗堕落するのです。

そのようになった時、おいしい水は提供できません。よい情報も人材もつぶされてしまいます。「陰の始めて凝るや、その道に馴致すればなり」、はじめは霜であったものが堅氷に至るのは実に簡単なことなのです。

そうならないためには、チェック体制や仕組みをつくることが大切です。社内、社外におけるチェックシステム、外部監査が必要になる場合もあります。それをつくるためには、トップが現場で不正が行われないようなシステムづくりに本気にならなくてはいけません。

「邪を閑《ふせ》ぐ」という話を「乾為天」のところでしました。人間の存在は陰と陽でできています。自分に限って間違ったことはしないというのではなく、人間は間違ったことをしやすい存在なのです。自分の中には正しくすばらしいことも邪《よこしま》なこともある。

人間とはそれが化けた存在、陰と陽が混ざり、交わった存在なのです。

だからこそ、その邪《じゃ》が出にくいようなシステムづくり、組織づくりをする必要があります。そしてそれはトップの仕事なのです。

たとえ中間管理職が釣瓶を壊したり、吊り糸を切ったとしても、その責任はトップにあります。なぜならば、その中間管理職を選んで責任を与えたのはトップだからです。

最近の不祥事を見ていると、「そんなつもりはなかった」「知らなかった」という責任逃れの弁明をするトップが多いようです。どうしてそういう発言が出るのでしょうか。それは邪を認めていないからです。邪を閑がなかったからです。知らなかったでは済まされません。すべて社長の責任なのです。

企業の危機管理はどこで決まるのか。それは志の高さです。正義を実行するか実行しないかという一点に尽きます。これは企業の姿勢というよりもトップの姿勢です。どんなにきれいごとを社是に書いたとしても、そのトップの本音がお金を儲けることだけであれば、社員は必ずわかります。

どのような時にあっても抜き難い、しぼまない、変容しない、そういった志が問われているのです。そういう高い倫理観があって、はじめて危機管理は成り立ちます。

また、この「水風井」の上六に「井収《みずく》みて幕《おお》うことなかれ」とあります。井戸に覆いをしてはならないといっています。これはどういうことでしょうか。

「あの人はお金持ちだからたくさん水をあげなさい、あの人は嫌いだからあまり水をやってはいけません」といったことはしてはいけません、というのです。常に一定の清水をいつでも誰でも利用できるような状態にしなさい。井戸に覆いをかけて私物化してはならない。つまり、井戸に蓋をしないということは、企業の情報公開や透明性を重んじることでもあります。

井戸からは本当にたくさんのことが学べます。それを教えているのが、この水風井という卦です。

「繫辞下伝」——会社の求めるべき優先順位

繫辞下伝に次のように書いてあります。

「天地の大徳を生といい、聖人の大宝を位という。何をもってか位を守る、曰く仁。何をもってか人を聚《あつ》むる、曰く財。財を理《おさ》め辞を正しくし、民の非をなすを禁ずるを、義という」

「天地の大徳を生といい」、自然界の天地の大きな徳はありとあらゆるものを生じさせ養います。それが大自然の大きな徳なのです。

「聖人の大宝を位という」、この聖人を企業ととらえて考えてみましょう。企業の最大の宝は社会的信用です。

「何をもってか位を守る、曰く仁」の仁とは大きな愛。企業にとっては、社会貢献とか社会的責任にあたります。企業は私や一個人ではありません。当然のことながらステークホルダーである株主、顧客、従業員とその家族、地域社会、そして世論。それらのステークホルダーを養うという自覚、それも大きな愛、仁です。

つまり、経営者にとってまず大切なのは仁であり、大きな愛なのです。何をもって社会的信用を守るかというと、この大きな愛によってです。リーダーやエリートたるもの、社会に貢献しなくてはなりません。自分の本業を通して、まずは社会に「水風井」の卦でいうところの安全でおいしい水（自社の商品）を提供し、人々を養う。果たしてそれができるかどうか。社長の志の高さが問われています。

次に、「何をもってか人を聚《あつ》むる、曰く財」とあります。これは「利益の追求は企業の義務である」といっているのです。まずは大きな愛、仁。その次は利益を出すこと。「財を理《おさ》め」て正しい経営を行うのです。「辞を正しくし」は伝わる言葉、明確に目的を示す、広報の重要性。社長が本気かどうかを示すことです。

そしてその次に「民の非をなすを禁ずる」という言葉が出てきます。民、従業員、企業内部、組織の人間が非をなすを禁ずる。これは企業倫理、倫理教育、社員教育でもあります。それを「義という」。この「義」は「政治」であり、「正しい経営」です。この義によって大きな財を得ることができるわけです。

ここでは営業利益の追求と企業倫理はバッティングしないと書かれています。経営の原動力とは正しい経営を行うことであり、正義を行うことです。それが企業の価値を高め、中長期的な発展につながり、社会的な信用を得ることになるのです。鼎の軽重を問われず、位を守ることができるというのです。

「坎為水」――まことをもって貫く

最後に「習坎《しゅうかん》」（坎為水《かんいすい》䷜）を説明します。

「習坎《しゅうかん》は孚《まこと》あり、これ心亨《とお》る。行く時は尚《たっと》ばるることあり。彖《たん》に曰く、習坎は重険なり。水は流れて盈《み》たず、険を行きてその信《まこと》を失わざるなり」

習坎というのは坎為水という卦の名前ですが、古くから習坎と呼ばれています。「坎」は前にも出てきましたが、土が欠けると書きます。つまり「穴ぼこ、落とし穴」です。

人生にはとても苦しい時があります。穴に落ちてしまうこともあります。大きな穴に落ちたら、なかなか出られません。また「坎」には「川の流れ」という意味もありました。大川を渡る話をしましたが、昔は大きな川を渡るのはたいへんな困難をともないました。

「穴に落ちる」「川を渡るのに苦労する」など、「坎」は二つの苦労が重なっているのです。一難去ってまた一難という意味になります。険難、艱難《かんなん》、困難が度重なるのです。

では、「習坎」とは何かといえば、困難を乗り越えて、その困難に学びなさいといっているのです。苦労に学びなさい。学ぶことによって次の困難は学習効果で越えられますよ、といっているわけです。

ただし、この習坎は人生に一度あるかないかのたいへんな困難です。それに学べば、「艱難は汝《なんじ》を玉にす」と教えています。ただし、玉になるかどうかは「孚《まこと》」の有無で決まるといいます。

習坎で教えているのは「今は心を磨く時」ということです。誠心誠意の孚があれば亨る。そして行く時は尚ばれると書いてあります。「水は流れて盈《み》たず」、流れる水の性質に習いなさい。そうすれば必ず亨りますよ。

「険を行きてその信《まこと》失わざるなり」、川の水が険しい山あいを通って流れてきます。水が岩や石にぶつかって、その時その時で形は変わっても、質は変わらないまま真っ直ぐ海に向かって流れていきます。

それと同じように、私たちが本当につらく苦しい立場に立った時にも、信を失わず、物事を放棄しないで、真っ直ぐに信じた道を進んでいきなさい。どうしようもないほどつらい時、何もできない時は、ただ寝て、起きて、食べて、排泄《はいせつ》して……それだけでも構わないからできることを続けなさい。そうしたら必ず時は進んでいって大海に繋がります。

そしてその時は「往きて功あるなり」です。必ず「艱難辛苦汝を玉にす」ということになって、あなたは非常に尊ばれる人になるのですよ、といっているのです。できれば苦労はしたくないというのが人情というものですが、たとえたいへんな困難に遭ったとしても、まことを貫いていけば必ず通る、と易経は教えているのです。だから勇気を持って前進しなさい。それが人生をよりよく生きることなのだといってくれているようです。

孔子の言葉に「五十をもって易を学べば大過なかるべし」とあります。これは「五十を過ぎて易経を勉強すれば大きな過ちはおかさずに済む」という意味だと思われがちですが、実はもうひとつの説があります。「易を学べば」の「易」は字の間違いで

「また」という意味ではないかというのです。つまり、孔子は「五十をもってまた学問をし直せば大過なかるべし」という意味でいったのではないかと、この百年の間に解釈が変わってきています。

ただし、最初に申し上げたように、易経に関しては読み方が定まっていないため、この「易」が何を表しているのかははっきりわかりません。わからないというのは難しいことですが、逆にいうと、自由に自分に近づけて解釈しても構わないという意味でもあります。そこに易経の面白さがあると私は感じています。

解説書を読まなければわからないというわけではなく、ひとつの卦に対して自分のイメージをふくらませて、「これはこういうことじゃないかな」と考えてみればいいのです。身近な問題に寄り添わせて、具体的に易経と向き合ってみるのもいいと思います。そういう読み方をすると、易経とは実に面白いものなのだということがおわかりいただけるのではないでしょうか。

すべてを説明し尽くすにはあまりにも深い書物ですが、それだけに人生のどんな時にでも傍において繰り返し繰り返し繙《ひもと》くことができる、そして、そのたびに新鮮な生き方のヒントを与えてもらえる――易経とはそういう書物なのではないかと私は思っています。

◆主な参考資料

『易』　本田済　朝日新聞社（朝日選書）
『易経』（上・下）　高田真治・後藤基巳訳　岩波書店（岩波文庫）
『易経』　丸山松幸訳　徳間書店
『漢文大系16　周易傳習録』　星野恆・安井小太郎校訂　冨山房
『高島易断』　高島嘉右衛門　熊田活版所
『易経講話』（全五巻）　公田連太郎　明徳出版社
『荘子』新訂中国古典選　（外篇・雑篇）　福永光司　朝日新聞社
『老子』新訂中国古典選　福永光司　朝日新聞社
『大学・中庸』（中国古典選６）　島田虔次訳注　朝日新聞社
『武道の理論』　南郷継正　三一書房
『剣と禅』　大森曹玄　春秋社
『断食療法の科学』　甲田光雄　春秋社

『字統』　白川静　平凡社
『漢字源』　藤堂明保 他　学研
『新明解国語辞典』　金田一京助 他　三省堂
『易の世界』　加地伸行　中央公論社（中公文庫）
『易の話』　金谷治　講談社（講談社学術文庫）
『正法眼蔵』　水野弥穂子 校注　岩波書店（岩波文庫）
『風姿花伝』　世阿弥 著・野上豊一郎・西尾実 校訂　岩波書店（岩波文庫）
『実践コンプライアンス講座 これって、違法ですか？』　中島茂・秋山進　日本経済新聞社
『カタカムナ』　楢崎皐月　考古理学研究会
『リーダーの易経』　竹村亞希子　ＰＨＰ研究所

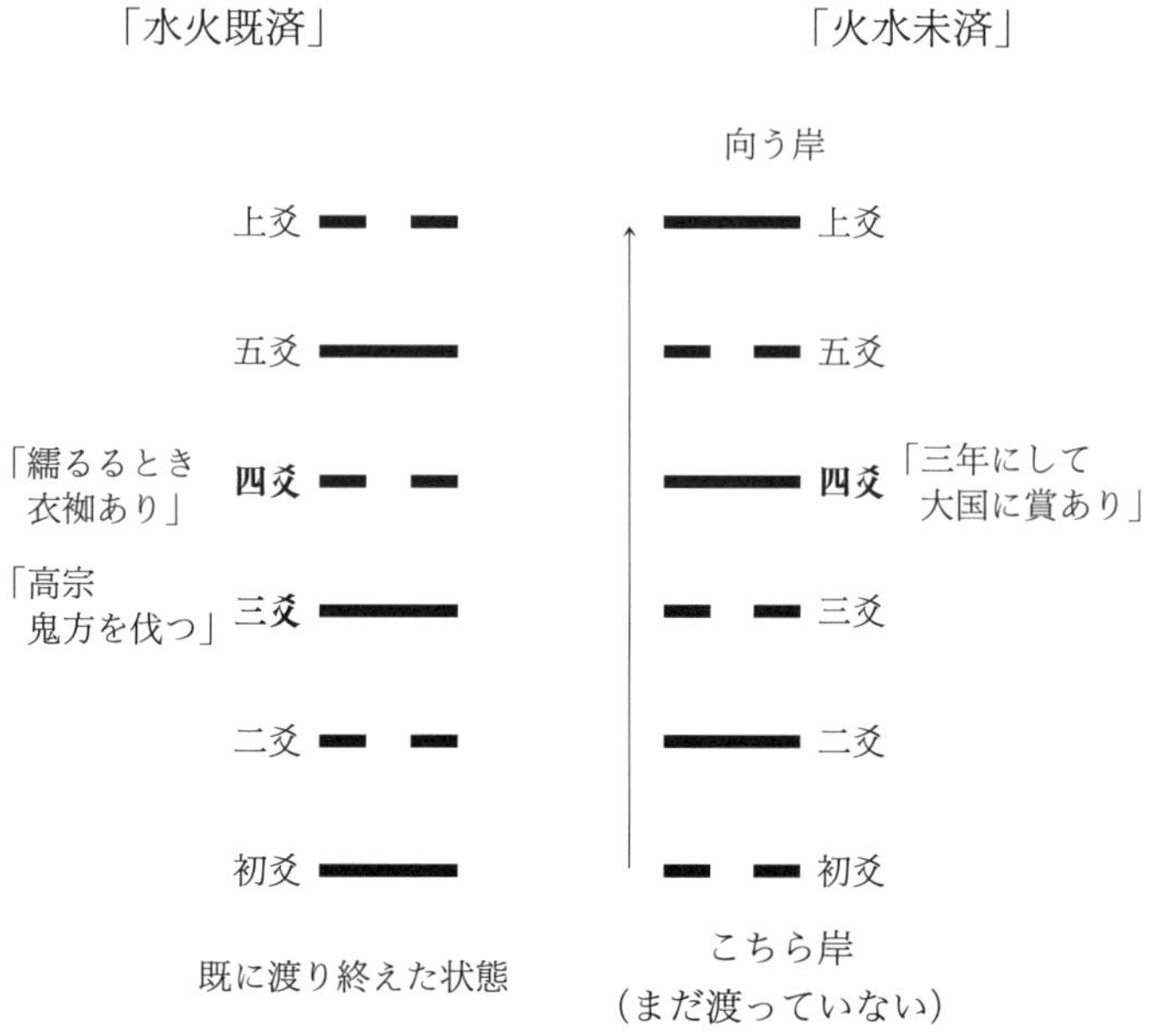

「水火既済」
「火水未済」
向う岸
上爻
五爻
「濡るるとき
衣袽あり」
四爻
「高宗
鬼方を伐つ」
三爻
二爻
初爻
上爻
五爻
四爻
「三年にして
大国に賞あり」
三爻
二爻
初爻
既に渡り終えた状態
こちら岸
(まだ渡っていない)

著者プロフィール

竹村亞希子（たけむら・あきこ）

名古屋市生まれ。易経研究家。（有）竹村代表取締役。

中国古典「易経」をわかりやすく解説する一方、企業経営者や経営幹部に「易経」に基づくアドバイスを行っており、その実績から、数多くのファンとその厚い信頼を得ている。また、「易経に学ぶ企業経営術」「易経とコンプライアンス」「易経からみた成功と失敗の法則」などのテーマで講演活動を行っている。

ＮＨＫ文化センター「易経」講師。編書に『易経一日一言――人生の大則を知る』（致知出版社）、著書に『超訳易経』（新泉社）共著に『こどものための易経』（致知出版社）などがある。

人生に生かす易経

平成十九年十一月八日第一刷発行
令和五年六月十五日第八刷発行

著者　竹村亞希子
発行者　藤尾秀昭
発行所　致知出版社
〒150-0001東京都渋谷区神宮前四の二十四の九
TEL（〇三）三七九六―二一一一
印刷・製本　中央精版印刷
落丁・乱丁はお取替え致します。　（検印廃止）

ISBN978-4-88474-795-4 C0095
ホームページ　https://www.chichi.co.jp
Ｅメール　books@chichi.co.jp